인간은 원래
게을러야 행복하다

인간은 원래
게을러야 행복하다

이케다 기요히코 지음
이정은 옮김

홍익출판 미디어그룹

현대인들은 대부분 지독한 일중독 상태로 살아가고 있다. 인간이 원래부터 이렇게 열심히 일을 해왔던 것일까? 아무리 생각해도 너무 정신없이 빠르게 돌아가는 오늘의 상황이 납득이 가지 않는다.

1만 년 전에 남아메리카 대륙 일대에는 크기가 8미터, 체중이 3톤에 달하는 메가테리움Megatherium이라는 거대한 생물이 육지를 활보했었다. 이 녀석의 별명은 '땅늘보'였다. 나무늘보만큼이나 느린 녀석이었기 때문이다. 긴 손톱에 굵고 긴 꼬리를 가진 이 녀석은 배가 고프면 뒷발로 우뚝 일어서서 키가 큰 나무의 가지를 앞발로 잡아채고 나뭇잎을 먹어치웠다. 그러고는 느릿느릿 초원으로 나와서 손톱으로 흙을 파고 뿌리줄기를 후식으로 먹기도 했다. 그러나 이 거대한 야수는 나중에 이 땅에 발을 들이민 인류에 의해 멸종되고 말았다.

현생 인류인 호모 사피엔스Homo sapiens는 16만 년 전에 아프리카에 출현해서 그 뒤 온 세상을 석권했는데, 그때마다 그 땅에서 살아가던 동물들을 차례로 사냥하며 없애나갔다.

그때 인류가 가진 무기는 튼튼한 손과 발, 그리고 영리한 머리였다. 인류는 이를 토대로 아주 재빠르게 사냥감을 해치웠다. 아무리 그렇더라도 그때의 인류는 오늘을 사는 사람들보다는 덜 움직였을 것이다. 어쩌면 하루에 두세 시간 정도만 일하지 않았을까?

인간은 원래 잡식동물이지만, 장의 길이로만 보면 육식동물에 가깝다. 전형적인 육식동물인 사자 같은 동물을 보면 알 수 있듯이 영양가 높은 고기를 실컷 먹으면 얼마 동안은 아무것도 입에 넣지 않고 늘어지게 잠만 잘 수 있다. 그렇기에 수렵채집 생활을 하게 되었을 즈음의 인류도 하루 동안 먹을 식량을 잡으면 그다음에는 푹 쉬었을 거라는 게 필자의 생각이다.

인류가 본격적으로 일을 하기 시작한 것은 7000년 전쯤으로, 농경문화가 생기고 나서부터다. 수확물은 축적이 가능하기에 농작민은 더 많이 확보하기 위해 장시간 노동을 해야 했다. 이때부터 '일하지 않는 자는 먹지도 말라', '노동은 최고의 미덕'이라는 말이 생겨나기 시작했다.

나는 오늘을 사는 사람들에게 요구되는 장시간의 노동이 인간 본래의 성질과는 아주 동떨어진 행동 양식이라고 생각한다. 현대인들이 정신적으로 문제가 생겨서 우울증에 걸리거나 자살을 하는 것은 예전의 생활방식과는 아주 다른 생활을 하고 있기 때문이다. 그렇다는 것은 오래전 그때처럼 느긋한 생활로 돌아간다면 인간다운 삶을 되찾을 수 있다는 얘기가 아닐까?

어느 강의에서 내가 이렇게 말했더니, 현대사회에서는 일하지 않으면 살아갈 수 없다고 반박하는 사람이 있었다. 그렇다. 현대의 글로벌 자본주의 아래서는 생활에 필요한 것들을 모두 돈을 주고 사지 않으면 안 되기 때문에 일을 통해 돈을 벌지 않으면 살아갈 수가 없다.

그러나 분명한 사실은, 일을 좋아하는 사람은 그렇다 치더라도 그다지 일하고 싶어 하지 않는 사람이 무리해서 일을 할 경우 심신의 상태가 매우 악화된다는 것이다.

세상에는 행운의 별에서 태어난 것처럼 부모가 남겨준 거대한 유산으로 일생을 일하지 않아도 유유자적 살아갈 수 있는 사람도 있지만 대다수는 노동을 하지 않으면 살아갈 수 없다.

그렇더라도 처음부터 별로 일하고 싶어 하지 않는 사람에게 무조건 열심히 일하지 않으면 안 된다고 강요하면 그 사람은

인간은 원래 게을러야 행복하다

행복은커녕 삶의 무게에 가위눌린 채 허덕거리며 살아가야 할 것이다. 이런 삶이 행복과는 한참 거리가 멀다는 사실을 오늘을 사는 수많은 사람들이 증언하고 있다.

무엇보다 먼저 무의식 속에 뿌리내린 고정관념인 '노는 것보다 일하는 편이 좋다'라는 생각부터 버릴 필요가 있다. 물론 일하지 않으면 먹고살기 어렵겠지만 되도록 효율성 있게 일하고 24시간 머릿속이 일로 꽉 차 있는 생활에서 벗어나겠다고 다짐해야 한다.

오늘날의 노동 시스템은 두 배로 일하면 두 배를, 세 배로 일하면 세 배를 벌 수 있게 되어 있지 않다. 하지만 분명한 사실은 두 배로 일하면 두 배로, 세 배로 일하면 세 배로 피곤해진다는 것이다.

돈을 쓰지 않아도 즐거운 일이 있다는 사실을 깨닫는다면 무리해서 돈을 벌 필요가 없을 것이다. 오늘을 사는 사람들이 욕심 없이 느리게 산다면 세상의 시스템은 변하지 않을 수 없고, 그러면 인류는 지금보다 훨씬 행복해질 것이다.

들어가며 · 4

Part. 1

인간은 원래 게으르게 설정되었다

CHAPTER. 1 나에겐 태만할 권리가 있다 · 14

CHAPTER. 2 세상의 모든 게으름뱅이에게 맥주를 · 22

CHAPTER. 3 인생은 앞날을 알 수 없기에 더 재미있다 · 30

CHAPTER. 4 천재는 두뇌에 문제가 있는 사람이다 · 36

CHAPTER. 5 준비만 하는 사람은 인생의 본전을 찾을 수 없다 · 42

CHAPTER. 6 빨리 감동하는 사람은 믿을 수 없다 · 52

CHAPTER. 7 인간에게 영원한 시간이 주어진다면 · 56

CHAPTER. 8 현대인의 초식문화에 대하여 · 62

Part. 2

당신에게 무한한 재능이 있다는 거짓말

CHAPTER. 9　　자기다움은 누군가의 흉내일 뿐 · 72

CHAPTER. 10　이타주의가 아니면 어떤가? · 77

CHAPTER. 11　일본에 자살하는 사람들이 많은 이유 · 81

CHAPTER. 12　인간은 원래 유목민이었다 · 87

CHAPTER. 13　당신에게 무한한 재능이 있다는 거짓말 · 93

CHAPTER. 14　노력은 보상받는다는 말을 믿지 마라 · 98

CHAPTER. 15　올바르게 산다는 것은 무슨 뜻일까? · 105

CHAPTER. 16　인간은 부자유를 사랑하는 생물이다 · 109

Part. 3
인생에 살아갈 의미 같은 건 없다

CHAPTER. 17 속내를 털어놓는 게 좋을까? · 116

CHAPTER. 18 타인에게 피해를 입히지 말라는 말에 대하여 · 121

CHAPTER. 19 당신은 누구의 모습을 의태하고 싶은가? · 126

CHAPTER. 20 남자에게 정말로 필요한 것은 · 131

CHAPTER. 21 인생에 살아갈 의미 따위는 없다 · 136

CHAPTER. 22 굳이 착한 사람이 될 필요는 없다 · 141

CHAPTER. 23 곤충들의 자기희생이 의미하는 것 · 144

CHAPTER. 24 지나친 자기애가 남긴 부작용들 · 148

Part. 4
당신은 없어서는 안 될 존재가 아니다

CHAPTER. 25   행복에 이르는 가장 쉬운 방법 · 154

CHAPTER. 26   동물들에게는 없고 인간에게만 있는 것 · 158

CHAPTER. 27   자기만의 가치관을 가진 사람 · 164

CHAPTER. 28   돈으로 살 수 있는 행복은 싫다 · 168

CHAPTER. 29   포기하는 힘이 강하면 가능성은 높아진다 · 173

CHAPTER. 30   합성의 오류 · 177

CHAPTER. 31   숫자에 밝으면 잘 살게 될까? · 181

CHAPTER. 32   글로벌은 인생을 재미없게 만들었다? · 185

빨리 걸으면 영혼을 놓칠 수 있다.

인디언 속담

Part 1

인간은 원래
게으르게 설정되었다

Chapter 1

나에겐
태만할 권리가 있다

태만이란 말은 해야 할 일을 열심히 하지 않고 게으름을 피운다는 뜻이다. 응당 해야 할 일을 하지 않다니, 오늘과 같은 경제 최우선 시대에 태만은 생산성을 저하시키는 부당행위로 비난받는다.

그러나 나는 인간은 애초에 일하는 것보다는 게으르게 살도록 설정되었다고 생각한다. 일하는 것이 미덕이자 의무라고 말하는 것은 인간이 가진 태만의 본성을 감추려는 교묘한 표현이 아닐까?

애초부터 인간은 왜 일하지 않으면 안 되었을까? '노동'의 사전적인 의미는 다음과 같다.

첫째, 몸을 써서 움직이는 것. 특히 보수를 얻기 위해 심신을 사용하는 것.

둘째, 인간이 도구를 이용해서 자연의 소재를 목적에 따라 가공하고, 생활에 필요한 재화를 생산해내는 활동.

현대인들은 대부분 돈을 얻으려고 일을 하기에 첫 번째 정의가 노동의 이미지로 그려질 것이다. 일하지 않는 자는 먹지도 말라며 딱 잘라 말하는 것도 일하지 않으면 돈을 얻지 못하고, 돈이 없으면 먹을 것을 구할 수 없기 때문에 생겨난 말이다.

그런데 간혹 은퇴할 나이도 아니면서 일하지 않아도 충분히 먹고사는 사람이 있으니, 그런 사람을 향해 일하지 않으니 먹는 것을 금한다고 하는 건 말이 안 된다.

문제는, 열심히 일하는 사람들은 대부분 나무늘보처럼 유유자적 천하태평으로 살아가는 사람들에게 동경과 질투, 그리고 다소 경멸 섞인 복잡한 마음을 안고 있다는 점이다. 일하지 않는 자는 먹지도 말라고 해도 현실에서는 일하지 않고도 먹고살 수 있는 사람이 많기에, 이 말은 태만하면서 가난한 사람들에 대한 위협이라고 할 수 있다.

자연계의 동물들은 살기 위해 몸을 사용해서 먹이를 잡거나 저장해두는데, 이것은 돈을 벌려고 하는 인간의 노동과는 아주 다르다. 동물은 먹이를 잡거나 안전한 서식처를 찾기 위해 행동하는 것이지 인간처럼 돈이라는 유상물을 얻으려고 행동하는 게 아니다.

1만 년도 더 전에 인류가 수렵채집을 하면서 살았을 때는 돈을 받고 일한다는 의미의 노동이라는 개념 자체가 존재하지 않았다. 그리고 지금도 아마존의 깊은 밀림 속에는 그와 같은 생활을 영위하고 있는 사람들이 있다.

말레이시아의 세마이족은 얼마 전까지 완전한 수렵채집 생활을 이어왔는데 인류학자가 현장 조사를 갔을 때 남자는 수렵과 낚시를, 여자는 산에 올라 나물을 캐는 일에 종사하며 하루에 3시간 정도만 일했다고 한다. 나머지 시간은 기본적으로 먹고 자고 노는 자유 시간이었다.

생활에 필요한 것은 그때그때 적당량만 채취할 뿐, 여분의 것은 결코 탐하지 않는 그들의 삶에서 우리는 무엇을 배울 수 있을까? 그들의 노동은 동물의 먹이 취득을 닮았다.

살아가는 데 필요한 최저한의 먹을 것밖에 거둬들이지 않기에 자연의 일부를 아예 멸종시켜버리는 일은 발생하지 않는다. 그만큼 자연이 만들어낸 자원을 지속적으로 이용할 수 있는 지극히 자연주의적 삶의 방식이라는 것이다.

이런 삶이 가능하려면 인구밀도가 자연생태계의 허용 범위 안에 있어야 한다. 지금 지구상에 존재하는 70억에 달하는 인간들이 모두 현재와 같은 방식으로 살아간다면 조만간 자원이 고갈되어 자연생태계가 황폐해질 것이다. 그다음에 오는 상황은 보나마나다.

현재 세마이족 사람들은 지속적으로 인구가 늘어난 결과 수렵채집 생활을 해나갈 수 있는 한계를 뛰어넘었고, 결국 밀림을 밀어내고 농업을 하지 않으면 안 되게 되었다. 그렇다는 것은 노동시간이 대폭 늘어났다는 얘기다.

약 7000년 전에 인류는 자연의 생태계에 순순히 의존하던 습성을 버리고 농경문화를 도입함으로써 오늘날의 세마이족처럼 노동시간이 대폭 증가했다.

농경이라는 수단을 통해 인류는 전에 없던 대규모의 식량을 손에 넣는 일이 가능하게 되었고, 농경에 의해 축적된 여분의 식물은 인구를 필연적으로 늘어나게 만들었다. 인구가 증가하면 초원은 더욱 개척되고 농지는 폭발적으로 넓어진다. 인류에 의한 자연파괴는 이때부터 시작된 것이다.

농경이 인류에게 끼친 영향은 노동시간의 증가뿐만이 아니다. 곡물류 등의 식량을 축적할 수 있게 되었고, 부를 축적해나가기도 했다. 이 과정에서 물물교환이나 매매 등으로 더욱 많은 부를 얻을 수 있었고, 거기에는 당연히 편차가 생겨 부를 많이 소유한 자가 권력을 갖게 되었다. 재화나 토지, 노예를 빼앗으려고 전쟁이 일어나는 것도 당연한 일이었다.

수렵채집인이었을 때의 인간은 서로의 부족에게 파멸적인 타격을 주는 전쟁을 하지 않았다. 누군가를 노예로 쓰려는 목적으로 싸우는 일 또한 없었다. 그들에게는 서로 빼앗을 정도의 재화도, 부를 생산해낼 소유지도 없었기 때문이다.

고기가 먹고 싶다면 동물을 사냥하고, 이따금 먹을 수 있는 식물로 입가심을 했을 것이다. 이렇게 필요한 최소한의 식량을 위해 몸을 움직였을 뿐, 그들에게 여분의 노동력은 전혀 필요하지 않았다.

요컨대 농경을 시작함으로써 인간은 장시간 노동을 하게 되었고, 그에 따른 부를 창출했다. 그 부산물이 권력이고 노예이며 전쟁인 것이다. 농경, 노동, 부, 노예, 전쟁 같은 것들은 이렇게 모두 같은 기원을 가지고 이어져왔다.

만약에 1만 년 전의 수렵채집 생활에서 농경시대 형태의 장시간 노동 방식을 택했다면 어떻게 되었을까? 자연에서 생산

되는 자원을 수집하고 난 뒤의 나머지를 연쇄적으로 생산하는 노동을 하면 자원은 가속도로 고갈될 것이다.

그것은 인간에게 기아를 가져오는 건 물론이려니와 절대악 그 자체로, 만약 이렇게 되었더라면 오늘날과 같은 자원 고갈 사태가 아주 오래전에 이루어져 이미 인류는 멸종되었을지도 모른다. 따라서 오늘을 사는 사람들은 1만 년 전의 수렵채집인들에게 고마움을 느껴야 할 것이다.

반대로 미래에는 전 세계 인구가 너무 많이 증가해서 식량이 제때에 각지에 도달하지 않는 부작용이 생길 수 있다. 이때 그 시대 사람들이 인구를 조절해서 자연생태계의 허용 범위 안에서 생활해나가기로 정한다면 장시간 노동은 일어나지 않게 될 것이다.

지금 당신이 노동을 싫어하는 태만한 타입인데, 만약 그 모습대로 수렵채집 시대에 태어났더라면 그 어떤 비난의 대상도 되지 않고 당당하게 살아갔을 것이다. 불행한 일은, 당신이 우연히도 장시간 노동을 심하게 강요하는 환경에서 태어났다는 점이다.

농경문화를 도입해서 인구를 폭발적으로 늘려온 인류는 원래의 수렵채집 생활로는 돌아갈 수가 없다. 물론 일부는 수렵채집 생활을 하고 싶어 할 수도 있겠지만 우선은 현실적으로 지구상에서 수렵채집 생활을 할 수 있는 장소를 찾지 못할 것이다.

수렵채집 생활이 힘들다면 일단은 일을 할 수밖에 없다. 그러나 노동은 미덕이라는 말이 농경문화를 시작한 인류가 만들어낸 이데올로기 같은 것이라고 생각하면 가벼운 기분으로 일을 할 수 있을 것이다.

나는 인간의 불행은 본격적으로 노동을 시작하면서부터라고 생각한다. 사회는 일하는 것으로 삶의 보람을 찾고 행복을 발견하라고 부추기지만, 나는 이 말을 진심으로 받아들이지 않는 편이 좋다고 생각한다.

'일하는 것에서 삶의 보람이나 기쁨을 발견할 수 없는 사람은 노력이나 능력이 부족한 결함투성이다'라는 얘기는 단순히 픽션일 뿐이다. 그건 정말 말도 안 되는 얘기다. 일을 통해 자아실현을 한다는 말은 모든 인간에게 해당되는 말이 아니기 때문이다.

물론 일을 통해 자아실현을 해서 행복을 느끼는 사람은 그것대로 괜찮다. 하지만 대다수 사람들은 그렇게 되기가 어려워서 또는 그렇게 하지 않으면 안 된다는 부담감에 가위 눌리고 있

인간은 원래 게을러야 행복하다

는 것과 다름없다.

　노동은 싫고 태만이 좋다는 것은 인간을 포함한 모든 동물에게 매우 합당한 일이다. 그럼에도 현재의 사회 시스템을 유지하기 위해서는 그런 방식이 불합리하기에 비난의 대상이 되는 것이다. 그러니 원래 사회 시스템 자체에 문제가 있음에도 그것을 벗어나서 일하는 것만이 위대하다고 생각하는 것은 잘못되었다는 게 내 생각이다.

Chapter 2

세상의 모든
게으름뱅이에게 맥주를

수렵채집 생활을 하던 태고의 인류도 세마이족처럼 하루에 평균 두세 시간밖에 일하지 않았을 것이다. 그로부터 1만 년밖에 지나지 않았기 때문에 일의 시간적 감각에 관한 인간의 태생적 기질은 아직 변화하지 않았음이 분명하다.

생물의 기질은 그렇게 간단하게 변화하는 게 아니다. 일에 관한 인간의 태생적인 기질은 하루에 두세 시간 몸을 움직인 후에 느긋하게 게으름을 피우며 놀고먹는 것이 자연적이라는 얘기다.

이렇게 생각하면 하루에 예닐곱 시간이나 일하는 게 얼마나

뇌에 과부하를 가져다주는지 알 수 있다. 매일 아침 부리나케 출근해서 하루 종일 뼈 빠지게 일하고, 그것도 모자라 막차 시간이 다 될 때까지 혼신의 힘을 다하는 사람들은 그런 면에서 광기에 가깝다고 할 수 있다.

이런 판국에 과로사로 죽을 때까지 일을 시키는 회사에 들어가느니 차라리 형무소에 들어가는 편이 건전한 정신을 유지하면서 태평한 인생을 보낼 수 있다고 말한다 해도 지나친 표현은 아닐 것이다.

그런데도 현대인들이 하루에 예닐곱 시간씩 일하는 것을 당연하게 여기는 것은, 그렇게 일을 함으로써 생활의 양적인 부분을 얻으려는 현대사회의 시스템과 마주하고 있기 때문이다. 커다란 쳇바퀴 속에 들어가 있는 현대인들은 그것이 자기 세계의 전부라고 알고 쳇바퀴의 존재를 알아채지 못할뿐더러 이 문제에 불만을 토로하는 쪽을 이상한 인간으로 취급한다.

그런데 오늘을 사는 사람들 모두가 하나같이 그렇게 많은 시간 동안 일하고 있느냐 하면 반드시 그렇지도 않다. 그렇게 지독하게 일에 매달리는 사람은 대략 전체의 20퍼센트 정도가 아닐까? 나머지 60퍼센트는 가끔 여유를 부리거나 적당히 눈치껏 일하고, 나머지 20퍼센트는 최대한 느긋하게 게으름을 피우는 쪽일 것이다.

그러면 회사를 통솔하는 입장에서는 20퍼센트의 태만한 인간들이 빨리 그만두고 그 자리에 상위 20퍼센트의 일벌레들이 채워지기를 바랄 것이다. 그래야 회사의 생산성이 최대한 높아질 거라고 생각하기 때문이다.

그런데 실제로 20퍼센트의 게으름뱅이 사원들을 잘라버린다면 회사는 어떻게 될까? 사원들 모두가 한 치의 여유도 없이 부지런히 일하는 회사는 일시적으로는 생산성이 향상될지 모르지만 장기적으로는 그 끝이 훤히 보인다. 인간은 결코 기계가 아니고, 설령 기계라 하더라도 이렇게 24시간 쉬지 않고 가동하면 언젠가는 망가지기 십상이기 때문이다.

회사라는 조직에서 베짱이처럼 게으른 사원들은 단지 열심히 일하는 사원들의 발목을 잡아끄는 존재라고 말하는 사람도 있을 테지만, 나는 그건 절대 아니라고 자신 있게 말하겠다.

하나의 예로, 인류 역사를 돌아보면 위대한 발명품들은 대부분 놀거나 멍하니 있을 때 번쩍 아이디어가 떠오른 것이 계기가 되었다. 이것은 상황에 변화를 주는 창의적인 아이디어는 몸도 마음도 여유로울 때 떠오른다는 뜻이다.

만약 회사 조직에서 경영자부터 말단사원까지 모두가 팔을

걷어붙이고 죽어라고 일만 해댄다면 눈앞의 것에만 빠져서 전체를 보지 못하는 사태가 발생할 수 있다. 그러면 사업이 잘될 때는 그나마 낫겠지만 상황이 안 좋아지면 모두들 늪에 빠져 허우적대다가 순식간에 몰락해버릴 수밖에 없다.

사원들 모두가 벼랑 끝에 내몰린 듯이 열중하는 회사는 만약의 사태가 생기면 원동력이 급격히 사라질 우려가 있지만, 태만한 사원들이 20퍼센트 정도 포함된 회사는 만약 위험한 상황에 빠져버렸을 때 돌파구를 재빨리 포착해서 회사 전체의 방향을 바로잡을 수 있다.

가령 '일은 일종의 놀이'라고 생각하는 사람들이 있는데, 이들은 지나치게 열심히 일을 해서 어느 순간 삶을 이끄는 추진력 자체를 잃고 마는 단순한 일중독들과는 아주 다르다. 그들은 다양성이라는 점에서 높은 점수를 받는 인재들로, 조직을 유연하면서도 강하게 만든다는 점에서 진짜 인재다.

개미의 세계에서 이런 장면을 쉽게 포착할 수 있다. 일개미 중에는 평상시에 아무 일도 하지 않는 게으름뱅이들이 있다. 일개미에게는 원래 개미집 청소, 먹이 운반, 여왕개미나 알을 핥아서 깨끗하게 하는 임무 등이 있는데 그중 몇 녀석들은 절대 일을 하지 않고 게으름을 피운다고 한다.

그런데 놀라운 일은 게으름뱅이 개미들을 집단에서 배제시키면 열심히 일하던 개미의 일부분이 게으름뱅이로 변하고 만다는 것이다. 반대로, 평소에 열심히 일하던 개미들을 배제시키면 게으름뱅이 개미들의 몇 퍼센트가 그쪽으로 전향한다고 한다.

개미사회에서 왜 그런 시스템이 만들어졌는지는 알 수 없지만, 내 생각에 집단을 구성하는 개체들 전원이 하나같이 부지런히 일할 필요는 없다는 뜻이 아닐까 싶다. 개미사회도, 인간사회도, 게으름뱅이라는 존재는 그 자체만을 생각하면 마이너스라고 볼지 모르지만 거시적 관점으로 전체를 보면 반드시 나쁜 것만은 아니라는 사실을 일개미의 역할 분담에서 알 수 있다.

동남아시아에 가면 나이를 먹은 남자들이 정오 무렵부터 한가롭게 내기놀이를 하거나 잡담을 즐기는 등 아무것도 하지 않고 늘어져 있는 광경을 흔히 볼 수 있다.

하루하루 열심히 부지런을 떨어야 입에 겨우 풀칠을 하는 현대인들의 눈으로 보면 그들이 대체 뭘 하고 있는지 몰라 고개를 내젓게 되는데, 그러나 생물로서의 삶의 방식에서 바라본다면 그들이 더 건전하게 살고 있는지도 모른다.

경제적으로 태만이 허용되고, 타인에게 피해를 주지 않는다면 얼마든지 게을러져도 좋다고 생각한다. 아예 먹고 놀면서 인생을 보낼 수 있는 사람이 있다면, 그 또한 괜찮다.

"일을 통해 나 자신의 정체성을 인정받고 싶다."

이렇게 말하는 사람도 있는데, 나는 여기에 동의할 수 없다. 그렇다면 퇴직한 사람은 누구한테도 인정받지 못한단 말인가? 놀며 지내는 사람이라고 해서 같은 취미를 가진 친구들로부터 인정받지 못하는 것일까? 그런 일은 절대 있을 리 없다.

나의 취미는 곤충채집과 표본 수집으로, 같은 취미를 가진 사람들끼리 이따금 모여서 정보나 표본을 교환한다. 모임에 나오는 사람들 중에는 은퇴한 사람도 있고, 직장에서의 승진을 포기한 채 취미생활에 인생을 건 사람도 있다. 모임에 참여하는 사람들은 그가 무슨 일을 하든 상관없이 취미를 통해 서로를 인정해줄 뿐이다.

덧붙여 말하자면 게으름이라는 행위는 심신을 완화시키고 쉬게 하기도 해서, 그런 의미에서 몸과 마음의 건강에 매우 유익하다. 게으름으로 심신의 밸런스를 잡고 일이나 생활에 활력을 돋게 할 수 있다는 뜻이다.

나는 현재 일하고 있는 대학으로 옮겨온 해부터 영어로 강의를 해야 했기에 필사적으로 영어 공부를 한 적이 있다. 그런데 여름방학이 되면서는 계속해서 공부하는 게 귀찮아서 한동안 게으름을 피우다가 완전히 치워버렸다.

그런데 방학이 끝나고 막상 강의를 시작하려니 봄 학기보다 영어실력이 향상된 것 같은 기분이 들었다. 나는 이런 일이 뇌에 휴식을 줌으로써 기억을 정착시킨 것이라고 생각한다. 게으름이 활동성 제로인 '휴지休止'를 뜻하는 게 아니라 뇌 속에서 뒤엉킨 정보를 정리하고 중요한 기억을 정착시키는 기능도 있다는 사실을 그때 깨달았다.

나는 최근에 참으로 안타까울 만큼 너무 많은 일을 하고 있다. 일본인의 평균 노동시간과 비교하면 그나마 적지만, 내 나이에 하루 평균 예닐곱 시간 정도를 일하는 것은 아무래도 많다고 할 수 있다.

주로 학교에서 강의를 하거나 글을 쓰고 조사 작업이나 강연에도 참석하는데, 이러다 보니 게으름의 자유를 누릴 겨를도 없이 지나치게 많은 일을 하고 있다는 생각이 든다.

집에서 머리를 쓰는 작업을 하다 보면 뇌 활동에 꽤 많은 당을 사용해서 저녁 무렵에는 혈당치가 쑥 내려갔음을 알 수 있다. 이럴 때마다 힘이 쭉 빠져서 이대로는 안 되겠다고 생각하곤 한다.

인간은 원래 게을러야 행복하다

이럴 때는 맥주로 당을 보충하는데, 그러다 보면 계속 마시기 시작해서 더 이상 일할 기분이 들지 않아 일을 접을 때가 많다. 맥주가 목구멍을 타고 천천히 내려갈 때의 느긋함이라니! 바로 이때가 게으름이 정말로 나를 기분 좋게 하는 일임을 깨닫는 순간이다.

Chapter 3

인생은 앞날을
알 수 없기에 더 재미있다

지금이라는 시간에 충분히 만족하는 사람은 미래를 별로 생각하지 않는다. 그렇기에 내일 당장 해치워야 되는 일을 생각하지 않아도 되는 사람은 행복하다. 만약 당신이 그런 사람을 부럽다고 생각한다면, 유년기를 한번 돌아보라. 그때는 그러지 않았을 것이다.

유아들은 목전에 있는 일에만 모든 에너지를 쏟아붓는다. 하루 종일 쉴 새 없이 놀이로 메워나갈 뿐, 몇 시간 뒤의 일에는 관심이 없다. 그러다가 점점 성장하면서 내일, 일주일, 한 달 뒤의 일을 생각하기 시작한다.

미래를 생각하는 것이 불행한 이유는 예측 불가능이라서 커다란 불안감을 동반하기 때문이다. 그렇다면 미래가 전부 예측이 가능하다면 불안감이 사라질까?

미래 예측으로 좋은 일만 있다면 행복하지 않겠느냐며 반론을 펴는 사람들도 있을지 모르지만, 과연 그럴까? 만약 미래에 좋은 일만 있더라도 모조리 예측할 수 있게 되어버리면 필경 인생은 지나치게 심심한 일이 되어버릴 것이다.

예를 들어보자. 이번 주 일주일간의 당신의 운명은 어떨까? 월요일 오후 2시에 복권을 열 장 사고, 그중에 한 장이 1등에 당첨될 것이다. 화요일에는 상사에게 불려가 회사의 운명이 달려 있는 중요한 프로젝트의 담당자로 임명되는데, 이 일은 반년 뒤에 성공리에 마칠 것이다.

수요일은 그동안 저축한 돈의 절반을 들여서 IT관련 기업의 주식을 사고, 이것을 주가가 두 배가 되는 한 달 후에 팔아치울 것이다. 목요일엔 월차를 내어 당일치기로 온천 지역으로 드라이브를 가게 되는데 호수 근처의 레스토랑에서 우연히 아름다운 인연을 만나게 될 것이다. 그리고 반년 후에 결혼하여 2년 후에 여자아이를 낳고, 4년 후에는 남자아이를 얻게 될 것이다. 금요일은……

이런 상태로 미래에 대해 미리 전부 알게 되면 제아무리 좋은 일만 계속되더라도 결론적으로는 무료하기 짝이 없는 나날이 될 것이다. 그러면 뭔가 희망을 품을 일도 없을 것이기에 살아갈 기력이 사라질 게 분명하다. 왜냐하면 미래는 알 수 없기 때문에 행복한 측면이 있기 때문이다.

원래 세상은 미래를 알 수 없기 때문에 성립하는 것이다. 예를 들어 미래에 외환, 주식, 채권이 어떻게 변할지 알 수 없기 때문에 시장이 성립하는 것이고, 상품이 팔릴지 안 팔릴지 팔아 보기 전까지 알 수 없기 때문에 마케팅이니 홍보니 하는 분야가 생긴 것이다.

미래는 알 수 없고, 예측도 할 수 없다. 미래의 대부분이 그렇게 어둠 속에 존재함에도 우리는 막연히 미래를 조감할 수 있을 거라는 기분으로 살아간다. 미래의 일은 대부분 알 수 없지만 그래도 절반 정도는 예측할 수 있다는 식의 기분으로 살고 있다.

그래서 어떻게든 미래의 일을 알려고 점성술에 의지하는 등 이것저것 하는 것이다. 하지만 논리적으로 생각한 끝에 미래를 예측하더라도, 그리고 고도의 과학기술로 예측을 한다 해도 결과는 점술과 그다지 다르지 않다.

인간은 원래 게을러야 행복하다

이는 지진 예측이나 온난화 예측이 거의 맞지 않는 것을 보면 알 수 있다. 미래에 관한 예측은 아무리 머리 좋은 사람이라 해도 맞을 때가 있는가 하면 맞지 않을 때도 있는 세계이다.

우리의 수첩은 몇 주일 뒤, 몇 개월 뒤, 심지어 1년 뒤의 스케줄로 대부분 채워져 있다. 하지만 자살하려는 사람을 빼놓고는 자신의 사망예정일을 수첩에 써놓는 사람은 없을 것이다.

자신이 죽는 날이 정해진다면, 그 인생은 정말 살벌해질 것이다. 사형수라도 사형집행일을 미리 알려주지 않으면 매일 조그만 희망이라도 품고 살아갈 수 있다. 이는 사형수에게조차 미래는 결정되어 있지 않다는 뜻이다.

보통 사형수 본인에게는 집행일을 당일이 될 때까지 알리지 않는다고 한다. 만약 집행일을 사전에 알려주게 되면 어떤 의미로는 사형 그 자체보다 잔혹하다고 할 수 있다.

재판에서 최종적으로 사형 판결을 받더라도 집행되기까지 어느 정도는 시간적 여유가 있기에 사형수도 그나마 조금은 인간다운 생활을 할 수 있지만, 만약 판결일로부터 정확히 1개월 후에 반드시 사형이 집행된다는 관례가 있다면 사형수에게 그 시간은 하루하루가 지옥일 것이다.

'헌팅턴병Huntington Disease'이라는 유전질환이 있다. 중년의 나이가 되면 나타나는 이 질환은 현대의학으로는 치료법이 없다. 발병한 지 15년에서 25년 정도가 지나면 신체적으로나 정신적으로 심각한 무력상태에 빠지고, 끝내 사망에 이른다. 더 무서운 사실은 한쪽 부모가 이 질환일 경우 확률적으로 아이들의 발병 확률이 50퍼센트에 달할 만큼 치명적이라는 것이다.

이 질병의 특징 중 하나는 유전자 진단을 하면 장래에 발병 여부가 확실히 예측된다는 점이다. 발병과 죽음의 시기는 정확히 알 수 없지만, 이 병에 걸리면 돌아올 수 없는 강을 건너게 되는 것만은 확실하다.

만약 부모 중 한쪽이 이 병이라면 당신은 유전자 검사를 받을 것인가? 유전자 검사를 받고 헌팅턴병의 유전자를 발견한다 해도 치료법은 딱히 없다. 단지 언제 발병할지 몰라 전전긍긍하며 살아가게 될 뿐이다.

그렇다면 처음부터 유전자 검사를 받지 않는 편이 좋을까? 유전자 검사 기술이 발달한 미국에서도 최근에는 받지 않기로 결정하는 사람들이 많다고 한다.

헌팅턴병처럼 치명적인 유전질환뿐만 아니라 말기암이라는 진단을 받아도 미래가 막혀버린 느낌이 드는 것은 마찬가지다. 멀지 않은 장래에 거의 확실하게 죽는다고 하면 죽음에 대한 공포 때문에 하루도 마음 편히 살아가지 못할 것이다.

말기암이라는 진단의 반응은 각양각색이다. 우울의 늪에 빠져서 허우적대는 사람, 마지막 순간까지 인생을 마음껏 즐기려는 사람, 단 몇 퍼센트라도 살아날 가능성에 희망을 걸고 최선의 치료법을 찾는 사람 등등……. 이렇듯이 사람에 따라서 다르겠지만 어느 쪽이든 미래가 사라질 상황에 놓여 있기 때문에 정신적으로 힘겹게 견뎌야만 한다는 문제가 도사리고 있다.

그렇다는 것은 사람은 무슨 일이 일어날지 모르는 미래, 미처 예측할 수 없는 미래가 있기에 희망을 갖고 살아갈 수 있다는 뜻이다. 그러니 당신이 지금 커다란 담벼락에 가로막혀서 길을 가지 못하는 상황이라면 이렇게 생각하라. '미래를 알 수 없다'는 것은 '살아 있음'을 나타내는 말이니 아무리 앞이 캄캄해도 아직은 희망을 버릴 때가 아니라고 말이다.

Chapter 4

천재는 두뇌에
문제가 있는 사람이다

머리가 좋다는 것은 오늘날과 같이 복잡한 세상을 살아가는 데
매우 유리한 조건이다. 그런데 어려서부터 머리가 좋다는 칭찬
을 받는 사람은 대부분 학교 공부를 잘한다는 뜻에서 그런 말
을 들은 것으로, 오래전에는 그런 의미의 똑똑함이 그리 중요
하지 않았다.

　예를 들어 원시시대에 수렵채집을 하며 살던 시절에는 아무
래도 포획물을 잘 잡는 사냥 솜씨와 험한 자연재해를 극복하는
지혜를 많이 가진 쪽이 더 유리했을 것이다. 그렇기에 그냥 뭔
가를 잘 외우고, 말을 똑 부러지게 잘하는 등의 똑똑함은 그 당

시 이차적인 것이었을지 모른다.

노벨상을 받을 정도로 똑똑한 사람이라도 만약에 타임머신을 타고 원시시대로 간다면 그 시대 사람들로부터 아무것도 하지 못하는 무능한 인간이라는 평가를 받을 가능성이 높다.

머리가 좋다는 말 속에는 여러 가지 의미가 숨어 있다. 머리 회전이 빨라서 좋다, 깊이 사색할 줄 알아서 좋다, 직감적 부분에서 뛰어나기에 좋다, 분석적인 면에서 탁월해서 좋다 등등.

그 모든 면을 두루 갖추고 있다면 확실히 머리가 좋은 게 사실일 테지만, 성격에도 개성이 있듯이 머리가 좋은 것에도 개성이 있다. 말을 잘하는 개그맨들은 두뇌 회전이 빠르지 않으면 안 되는데, 어쩌면 그들은 사물을 놓고 깊이 사색하는 일에는 그다지 특별하지 않을지도 모른다.

보통 사람들로서는 도저히 흉내 내기 어려운 최고의 논리를 쌓아온 수학자는, 어쩌면 그의 탁월한 두뇌만으로는 현실생활의 실천적인 문제를 전혀 해결하지 못하는 쓸모없는 인간일 수도 있다.

하루에 천문학적인 자금을 운용하는 펀드매니저는 돈의 흐름과 운영에는 머리가 엄청나게 잘 돌아가지만, 수백 명의 직원을 진두지휘하는 경영자가 되면 앞뒤가 꽉꽉 막힌 듯이 우왕

좌왕할지도 모른다. 이렇듯 사회에서 머리가 좋다는 말을 듣는 사람이라도 제각각 특징이 있다.

내가 이제까지 만난 사람들 중에서 정말 머리가 좋다고 생각한 사람은 평론가 이이다 모모飯田桃 씨다. 작가 미시마 유키오三島由紀夫와 동경대 법학부 동기로, 졸업 성적에서 이이다 모모 씨가 1등을 했고 미시마 유키오 씨는 2등이었다.

이이다 씨는 졸업한 뒤 일본은행에 들어갔지만 얼마 뒤 결핵에 걸리는 바람에 요양을 위해 퇴직하고 평론가의 길로 들어섰다. 그는 단순히 기억에만 의존해서 앉은 자리에서 두꺼운 책 한 권을 집필하거나 웬만한 법전은 한 번만 읽으면 내용을 그대로 머리에 담을 수 있었다고 한다.

일반적으로 평론을 쓸 경우에는 여러 권의 참고문헌을 읽어보거나 사실 관계를 확인해야 하는데, 이이다 씨는 타고난 기억력 덕분에 그런 번거로움이 필요 없다고 말했다.

몇 년 전 《바보의 벽バカの壁》이라는 초대형 베스트셀러를 발표했던 해부학자 요로 다케시養老孟司 씨는 '천재란 두뇌에 결함이 있는 사람'이라고 말했는데, 이이다 모모 씨처럼 월등하게 머리가 좋은 사람도 원래는 보통 사람이지만 머리에 어떤 결함이 생기는 바람에 기억력을 관장하는 기능이 눈에 띄게 발달했는지도 모른다.

천재는 결함이 있는 존재라는 사실을 확실하게 알려주는 것은 바로 '서번트 신드롬savant syndrome'을 앓는 사람들이다. 그들은 특정 분야에서 정상을 벗어난 재능을 발휘하지만 그것 외의 다른 분야에서는 극단적으로 능력이 떨어진다.

그들은 천문학적인 단위의 계산을 단숨에 해치워서 답을 찾아내거나 한 번밖에 듣지 않은 음악을 완벽하게 피아노로 연주하기도 하고, 보통 사람에게는 마술과도 같은 능력을 어떠한 속임수도 없이 보여줄 수도 있다.

2001년에 영국 BBC방송의 다큐멘터리 프로그램 〈천재의 조각들〉에 출연한 스티븐 윌트셔Stephen Wiltshire는 정신지체에 심한 언어장애로 고생하는 영국 청년이었다. 그런데 그에게는 남다른 특기가 있었다.

그는 런던 시내를 헬리콥터로 잠깐 동안 비행한 뒤, 그로부터 3시간 뒤에 방송에 출연했다. 그리고 하늘에서 내려다본 런던 시내 풍경을 놀랍도록 자세하게 그려냈다. 그는 반경 4마일 안에 있는 열두 개의 중요 사적과 200여 개의 건물들, 그리고 각 건물의 모든 창문 모양과 숫자까지 정확한 비례와 원근감을 포함해 마치 한 장의 사진처럼 묘사했다. 천재란 두뇌에 결함이 있는 사람이라는 요로 다케시 교수의 말이 헛말이 아님이 여기서도 실감할 수 있다.

인간의 머릿속은 플러스와 마이너스의 관계로 되어 있어 뭔가 뛰어난 재능이 있으면, 다른 뭔가는 열등하다. 이는 두뇌의 용량에 한계가 있어서 덧셈처럼 능력을 무한대로 늘려갈 수 없다는 뜻이다. 그렇기에 앞서 말했듯이 여러 종류의 똑똑함이 모조리 하나의 머릿속에 담겨진다는 것은 원리적으로 불가능하다고 볼 수 있다.

보통은 머리가 좋은 사람은 운동과는 별 관계가 없다고 생각한다. 하지만 운동선수에게는 운동선수로서의 똑똑함이 있는데, 그것은 언어적 표현과는 아무 관계가 없는 똑똑함이다.

언어 표현 능력과 운동 구사 능력은 별개의 두뇌 영역을 사용한다. 보편적으로 운동을 잘하는 것과 머리가 좋은 것은 무관하다고 생각하지만, 몸을 사용하는 것은 모두 머리로부터 지시를 받고 따르는 것이기에 만약 공부를 잘 못해도 운동을 잘할 수 있는 사람은 머리가 좋은 것이다.

다만 공부 능력은 언어 표현이라는 과정을 통하기에 '공부를 잘한다 = 머리가 좋다'는 등식으로 간단히 연결시켜서 운동과 똑똑함은 관계없다는 말이 나오게 된 것이다. 그렇더라도 머리

인간은 원래 게을러야 행복하다

를 잘 쓰지 않으면 운동을 잘할 수 없기 때문에 앞서 말한 사냥이 뛰어난 원시인도 필경 머리가 좋았을 것이다.

물리를 잘하는 사람은 운동에 뒤떨어진다는 속설이 있는데, 나는 이 말이 꽤 일리 있다고 생각한다. 예를 들어 동물은 물체 운동을 뇌의 운동 영역에서 관여하는데, 물리학자는 이를 언어로 설명한다. 그러기 위해서는 언어 영역이 운동 영역에 개입할 필요가 있는데, 언어 영역이 운동 영역에 계속 개입함으로써 운동 영역에 결함이 생기는 것이라고 볼 수 있다.

어떠한 특징 하나를 가지고 머리가 좋은가, 나쁜가를 정하는 것은 무척 어려운 일이다. 그만큼 뇌가 관장하는 영역은 여러 부분이기 때문이다.

머리가 좋다고 생각되는 사람에게도 어딘가 안 좋다고 말할 수 있는 부분이 있고, 자신의 머리가 나쁘다고 실망하는 사람에게도 본인은 알지 못하는 똑똑한 부분이 있을 수 있다.

그러니 이제는 머리가 좋다, 나쁘다는 문제에 너무 얽매일 필요가 없다. 사람은 누구나 자기 나름의 장점과 특기가 있는데, 그것을 바탕으로 자기 분야를 착실히 가꿔나가면 언젠가는 전문가 소리를 들으며 똑똑하다는 평판의 주인공이 될 것이다.

Chapter 5

준비만 하는 사람은 인생의 본전을 찾을 수 없다

당신은 지금 어떤 인생 목표를 가지고 있는가? 만약 대기업 경영자라면 세상을 휘어잡는 상품을 만들겠다는 식의 아주 담대한 목표를 세울 수 있고, 평범한 직장인들은 연봉이 조금이라도 더 높은 회사로 이직을 원한다거나 대출금을 빨리 갚고 싶다는 등의 소박한 목표를 가지고 있을 것이다.

나는 오늘의 사회가 '목표 과잉사회'라고 생각한다. 사회 자체가 무수한 목표를 안고 돌아가고 있기에 거기에 속한 개인들도 필연적으로 보다 큰 목표와 엄청나게 많은 목적을 품는 삶을 강요당하고 있다.

현대사회에서 소비되는 대부분의 상품은 어느 정도의 목적에 맞춰서 만들어진다. 생산과 소비의 사이클이 무서울 정도로 빠른 현대의 소비사회에서는 목표도 광속으로 바뀌며 형태를 달리한다. 여기에 사람들은 쳇바퀴를 도는 다람쥐처럼 계속 새로운 목표를 향해 빙글빙글 돌게 된다.

뼈 빠지게 일하는 사람들 중에는 수첩에 몇 개월 뒤까지 일할 목표를 수북하게 적어 놓는 경우도 있다. 이래서는 그가 일하는 기계라는 얘기를 들어도 할 말이 없을 것이다. 오늘의 사회가 여유라곤 찾아보기 힘든 '말라비틀어진 얼굴'로 보이는 것은 그런 각박함이 사회를 지배하고 있기 때문이다.

오늘날은 심지어 부모가 유치원에 다니는 아이에게 대학에 대한 목표를 강요하는 시대다. 그런 부모일수록 당장 준비해야 한다고 서두르기 때문에 유치원생이 평균 두세 개 이상의 외국어를 배우는 사태가 벌어진다. 이런 목표 과잉사회에서, 목표가 별로 없는 사람은 세상을 겉돌게 되고 더 나아가 쓸모없는 인간이라는 딱지가 붙을 수밖에 없다.

과거에는 누구나 조금 느긋하게 살아도 용납이 되었기에 삶에 여유가 많은 편이었다. 따라서 지금으로부터 100년 전쯤 시대라면 사회나 개인이 품는 목표의 총수는 지금의 몇십 분의 일밖에는 되지 않았을 것이다.

　그 시대엔 40대 중후반 무렵이 되면 가장의 자리를 아들에게 물려주는 게 보통이었다. 그렇게 가업마저 넘겨주고, 그 뒤에는 마을을 어슬렁거리거나 취미생활을 하면서 유유자적 살아가는 사람들이 많았다. 그렇게 그 시대 사람들은 미래의 삶에 의무적으로 거창한 목표를 앞세우지 않은 채 현재를 즐기며 살아갔던 것이다.

　미래의 목표나 목적에 얽매인다는 것은 오늘이 아니라 내일을 위해 살아가는 것이다. 물론 오늘보다 더 나은 내일을 위해 지금의 시간을 보다 충실히 보내는 태도를 비난할 수는 없지만, 오로지 미래만을 위해 오늘을 살아간다는 것은 현재라는 시간의 희생을 강요받는다는 뜻이다.

　은퇴하면 해외여행을 가고 싶다, 아이들이 크면 옛날에 취미로 했던 악기 연주를 다시 시작하고 싶다, 소문난 맛집을 돌아다니며 최고라는 소리를 듣는 요리를 실컷 먹고 싶다……. 이런 식으로 미래의 즐거움을 위해 현재의 괴로움을 참고 견디는 인생은 결국 미래의 즐거움과 현재의 고통을 맞바꾸는 삶이라고 할 수 있다.

　하지만 미래에 즐거움이 기다리고 있다고 믿는 것은 미래가

인간은 원래 게을러야 행복하다

불확실한 상황에서는 근거가 전혀 없는 확신이다. 지금의 각오가 그냥 허공으로 사라지는 공수표가 될 수도 있고, 이루어지지 않을 확률은 나이를 먹어갈수록 더욱 높아져 결국 허망한 꿈으로 끝날 수도 있다.

공수표가 되지는 않을지라도 기대만큼 행복을 누릴 수 있다는 보장도 없다. 아주 운이 좋아 미래의 어느 날 행복을 실현시킬 수 있다고 치자. 어쩌면 오늘 기대하고 있는 미래의 행복한 이미지는 그때가 되어 체험할 즐거움과는 큰 차이가 있을지도 모른다.

왜냐하면 어떤 일에 즐거움을 느끼는 것은 어디까지나 현재의 뇌가 그렇게 생각하는 것에 지나지 않기 때문이다. 두뇌 또한 시간의 흐름과 함께 점점 변한다는 사실은 초등학교 교과서에도 나오는 얘기다.

유년기에 엄청나게 흥미가 있던 놀이도 청소년기로 접어들면 점점 흥미를 잃게 된다. 20대 시절에 그렇게도 관심을 쏟았던 일들이 40대가 되면 아예 관심도 없는 경우가 있다.

나는 20대 때 주말마다 경마장을 들락거렸는데, 지금은 그때 내가 왜 그렇게 경마에 빠져 지냈는지 이해가 되지 않을 만큼 멀리한다. 이것만 봐도 성장기만이 아니라 어른이 되고 나서도 뇌는 변화한다는 사실을 알 수 있다.

당신이 지금 '이런 일을 해볼까?' 하고 생각하는 것은, 지금 그것을 하는 게 당신의 뇌가 가장 기뻐하는 순간이 된다는 뜻이다. 그렇기에 어떤 일을 놓고 즐거울 것 같다, 해보고 싶다는 생각이 들면 어떤 제약이 있어도 당장 실행해야 한다. 지금 누려야 할 즐거움을 나중으로 미루다가는 마지막까지 인생의 본전을 뽑지 못한 채 죽을 것이다.

행복을 나중으로 미루는 것은 지금 당장 해야 할 일을 제대로 하지 않으면 찜찜한 기분이 들기 때문으로, 그런 기분이 드는 것이 싫다는 잠재의식 때문일지도 모른다.

애초부터 미래의 즐거움 때문에 현재를 참는 것은 미래에 자신이 사용할 시간이 여전히 남아 있을 거라고 믿기 때문이지만, 나이를 먹을수록 남아 있는 시간은 점점 줄어들기에 늙어 갈수록 미래를 위해 무작정 인내만을 외치는 것은 몹시 아둔한 짓이다.

요즘은 80세를 훌쩍 넘겼어도 몸 상태가 아주 좋아서 친구들과 도심 나들이를 하는 사람들이 꽤 많다. 그런데 그런 식의 나들이를 10년 뒤의 즐거움으로 생각하고 지금 열심히 일을 하는 80대는 드물 것이다.

나이를 먹으면 시간이 감각적으로 무척 빨라진다. 그런데도 머릿속에 쿼츠시계quartz watch라도 있는 것처럼 식사를 하거나 텔레비전을 보는 중에도 현재 시간을 초 단위까지 정확하게 알 수 있는 사람의 이야기를 들은 적이 있다. 머릿속에 현재 시간을 정확히 계산해내는 능력이라니, 그의 직관이 무섭기조차 하다.

머릿속에 그런 시계가 없는 보통 사람들에게 체감 시간이 빠르게 느껴지느냐, 느리게 느껴지느냐 하는 문제는 가까운 과거의 기억들과 관계가 있다고 볼 수 있다.

2시간 전, 4시간 전, 6시간 전, 8시간 전의 일을 모두 기억할 수 있는 사람과 10분 전의 일까지만 기억할 수 있는 사람 중에서 후자 쪽이 체감 시간이 훨씬 빠르다고 할 수 있다.

2시간 전에는 식당에서 라면을 먹고 있었다, 4시간 전에는 극장에서 영화를 보고 있었다, 6시간 전에는 도서관에서 책을 보고 있었다……. 이런 느낌으로 가까운 과거를 모두 기억할 수 있는 사람은 10분 전의 일까지밖에 기억할 수 없는 사람과 비교할 때 살아 있는 시간의 감각적인 두께가 다르기 때문에 시간의 흐름도 아주 더디게 느껴질 것이다.

그렇다면 가까운 과거를 손쉽게 떠올리기 위해서는 어떻게 하면 좋을까? 예를 들어 당신이 여행을 갔을 때의 일을 이미지로 그려보자. 여행하는 도중에는 '어제 이런 곳에 갔다, 이런 것을 먹었다, 오늘은 이런 것을 봤다'는 식으로 가까운 과거를 무의식적으로 몇 번이나 되새기지 않는다.

이것은 곧, 즐거운 일이 있을 때나 평소에 잘 하지 않는 체험들을 할 때 그 시간에 많은 잠금장치를 해둔다는 뜻이다. 일상의 평범한 시간은 평탄하고 조용히 넘어가는 느낌이 들지만 일상으로부터 벗어난 시간은 여러 가지 실마리를 갖고 있기에 조금이라도 기억에 확 떠오르게 만든다.

또한 즐겁고 신선한 체험일수록 그 시간이 느리게 느껴지는 것은 오감이 민감해져서 모든 시간이 그 체험을 자각하기 때문이다. 자신의 체험을 일일이 자각하며 지내면 시간이 두께를 늘려서 입체적이 되므로 체험시간도 속도가 현저히 떨어진다. 반대로 일상을 완전히 무의식적으로 살면 체험시간의 속도는 아주 빨라지게 된다.

쉬운 예가 있다. 어린 시절에 겪는 10년은 매우 길게 느껴지지만 어른이 되어서 겪는 10년은 몇 배나 짧게 느껴진다. 같은 시간인데도 그렇게 느껴지는 이유는 어른과 비교해서 아이는 자신의 체험을 매우 상세하게 자각하면서 받아들이기 때문이다.

인간은 원래 게을러야 행복하다

나이를 먹으면 새롭게 체험하는 일들이 점점 줄어들고 생활 자체가 정형화된다. 따라서 체험 시간이 빨라지는 것은 어쩔 수 없는 일이다. 체험 시간이 빨라질수록 시간을 낭비하면 안 되니 느긋하게 살 수 없다는 생각을 하게 된다. 하지만 바쁘게 살면 체험 시간도 거기에 맞춰져서 빨라지게 된다. 그렇기에 나는 '인생은 짧다. 바쁘게 살 여유는 없다'고 생각한다.

나는 40세가 되기 전에 죽을 뻔한 교통사고를 겪었는데, 그 경험은 그때까지의 내 삶을 완전히 바꾸어놓았다. 1987년 여름, 야마나시山梨 현의 온천지대로 곤충채집을 하러 가던 중에 그만 운전 실수로 계곡 아래로 추락하고 말았다. 운전을 하면서 갑자기 시야에 들어온 곤충을 보고 '뭐지?' 하며 잠시 눈을 돌렸다가 그만 도로를 벗어나 계곡 아래로 굴러 떨어졌다.

자동차는 처음에는 아주 천천히 떨어지다가 중간부터는 엄청나게 빠른 속도로 추락했다. 다행히 자동차가 충격이 적은 강물 위로 떨어져서 생명에는 지장이 없었지만 얼굴에서는 다량의 피가 흘러내렸다.

어떻게든 자동차에서 탈출하고 난 뒤에 계곡 위쪽 도로로 기어 올라가서 인근의 민가에 도착하게 되었고, 거기서 구급차를 타고 병원에 갔다. CT 촬영을 했는데, 몸이 어떻게 되었는지는 아직 모르지만 일단 두개골은 깨지지 않았다는 말을 들었다.

병원에서는 입원을 권했지만, 나는 귀찮다는 생각에 그대로 전철을 타고 집으로 돌아왔다. 객차 안이 텅텅 비어 네 명이 앉을 수 있는 좌석에 나 혼자 덩그러니 앉게 되었다. 거기서 나는 우습게도 이런 생각을 했다.

"지금이 곤충을 볼 수 있는 적기인데, 힘들게 되었군."

어느 정도 시간이 지나자 객차 안이 차츰 승객들로 붐비기 시작했다. 그런데 이상하게도 내가 앉아 있는 좌석에는 아무도 다가오려 하지 않았다. 한 번은 젊은 여성에게 여기 앉으라며 비어 있는 자리를 권했지만 굳은 표정으로 머리만 흔들었다. 나중에 아내에게 그 일을 이야기하자 이런 대꾸가 돌아왔다.

"피범벅에 보랏빛으로 탱탱 부은 얼굴인 사람 옆에 누가 앉겠어요?"

집에 도착하자마자 곧장 침대에 쓰러졌는데 체온을 재보니 38도가 넘었다. 나는 그대로 일주일을 잠만 잤는데 열은 좀처럼 내려가지 않았다. 몸은 푸른빛을 띠었다가 조금씩 노란빛으로 변하더니 그것이 꽤나 옅어져갈 때쯤에야 겨우 몸을 추스를 수 있었다. 그때 처음으로 살아 있다는 실감이 들었고, 그와 동시에 인생이 유한하다는 사실을 몸으로 직접 느꼈다. 그때 나는 이런 생각을 했다.

"사람은 언제 죽을지 모른다. 그러니 하고 싶은 일이 있으면 바로바로 하지 않으면 안 된다."

미래의 행복을 위해 현재의 괴로움을 감수한다는 생각은 금욕과 절제를 강조한 유교정신의 영향을 받은 것으로 동양인들에게는 특히 더 강하다. 하지만 아무리 나이를 먹어도 '나중의 행복'이라는 생각을 '지금 당장의 행복'이라는 생각 습관으로 이동해가는 편이 좋다고 생각한다. 사람의 목숨이란 언제 어떻게 될지 모르는 일이기 때문이다.

Chapter 6

빨리 감동하는 사람은
믿을 수 없다

요즘 텔레비전을 보면 '감동했습니다'라는 말을 자주 듣는다. 어떤 사람들은 일부러 감동적인 무엇을 찾아다니기도 하고, 누구는 영화나 그림, 책을 통해 감동적인 스토리를 찾으려고 노력한다. 이런 상황을 볼 때마다 나는 이렇듯 감동을 원하는 사람들이 늘고 있는 현상이 그만큼 세상이 답답해져가고 있는 탓이 아닐까 생각하곤 한다.

감동의 세계는 힘들고 각박한 세상으로부터 일시적으로 몸을 숨기는 피난처라고 볼 수 있다. 하지만 나는 그렇게 무조건 감동만 하는 사람을 신용할 수 없다. 그나마 젊었을 때는 감동하는 것이 나쁘지 않지만 40대, 50대가 되어서도 자주 감동에 빠지는 것은 그만큼 마음이 요동치고 있는 것이라고 볼 수 있다.

아무래도 나이가 들면 무엇에 관심이 생기는 일은 있어도 쉽게 감동하지 않게 된다. 그렇기에 나는 중년의 사내들이 작은 일에도 감동해서 눈물을 흘리는 모습을 보면 고개를 갸웃하게 된다.

감동은 일종의 정신적 카타르시스를 얻기 위한 것으로 뭔가 좋은 이야기를 듣거나 보거나 하면 순간적으로 감동을 하더라도 대부분은 곧바로 잊어버리게 된다. 그렇기에 거기서 어떤 새로운 것이 생겨날 리 없다. 즉, 감동은 계속되는 게 아니라는 얘기다.

TV에서 자연재해가 일어난 곳에서 열심히 봉사하는 사람들을 보고 감동했다는 사람들에게 '그럼 당신이 해보겠어요?'라고 물으면 대부분의 사람들이 머리를 흔들거나 뒷걸음질을 한다. 이처럼 감동은 대부분 그 자리에서 끝나버리고 만다.

감동만으로 일을 하거나, 감동만으로 대학교 입학시험을 치거나, 감동만으로 결혼생활을 유지할 수는 없다. 즐거움은 오래 지속되지만, 감동은 그리 오래 지속되지 않기 때문이다.

중국에는 전통적으로 상갓집에서 곡을 해주는 여자가 있다.

장례식 때 펑펑 울며 분위기를 띄워주는 일을 하는 여성들이다. 여인들은 정말로 감정이입을 해서 정성껏 슬픈 감정이 되어 눈물을 흘리지만, 장례식이 끝나면 곧바로 울음을 멈추고 돌아간다. 일이 끝나면 슬픈 기분 따위는 바로 잊어버리는 것이다.

이와 마찬가지로 감정도 한 번에 탁 터뜨림으로써 '아! 개운하다'는 기분이 되어버리기 때문에 일반적으로는 그다음에 아무것도 이어지지 않는다. 감동이 행동으로 이어지기 위해서는 감동한 후에 뭔가 다짐을 할 필요가 있는데 아쉽게도 다짐은 감동이 아니라 분노나 미움 다음에 생기는 경우가 많다.

그런데 '감동했다'는 말과는 정반대라고 할 수 있는 '형편없다'나 '재미없다' 같은 말들은 텔레비전에서 보게 될 일이 거의 없다. '형편없다'나 '재미없다' 같은 부정적인 말들은 밝은 세상을 보여줘야 하는 TV에서는 금단의 언어라고 볼 수 있다.

하지만 현실에서는 '감동했다'는 순간보다 '형편없다'나 '재미없다'고 느껴지는 쪽이 생산적인 행동을 만들어낸다고 볼 수 있다. 형편없고 재미없으면 스스로가 재미있어지려고 노력하기 때문이다.

옛날 어느 정치인은 유권자들의 지지를 얻으려고 유독 감동이라는 말을 자주 내뱉으며 대중을 선동하는 버릇이 있었는데, 그의 정치는 대부분 겉만 번지르르할 뿐 실속은 없는 이벤트가 태반이어서 국민들의 분노를 샀다. 그래서 나는 나중에 그의 행태를 꼬집으며 정치인은 함부로 감동했다는 말을 사용해서는 안 된다는 글을 잡지에 기고한 적이 있다.

일을 진척시키기 위해서는 지식과 논리가 필요한 법인데, 정치인이 '감동'이라는 말에만 집착한다면 바뀌는 건 아무것도 없다. 요컨대 정치인은 정으로 움직여서는 안 된다는 얘기다.

일본의 국가부채가 날로 늘어나는 현상에 어떻게 대처할 것인가? 원자력 발전을 대체할 에너지를 어떻게 마련할 것인가? 이런 문제는 단순히 감동이 아니라 제대로 된 논리로 생각하지 않으면 안 된다.

'감동했다'는 말은 한순간에 무엇인가를 전부 해결하게 만드는 듯한 분위기를 뿜어낸다. 매일 여기저기서 들리는 '감동적인 이야기'들은 감동에 빠지는 당사자를 잠깐 동안 환상의 세계로 이끌지만 그다음에 새로운 무언가가 이어지는 일은 거의 없다. 정치인은 물론이고 오늘을 사는 현대인들은 아무쪼록 쉽게 감동에 빠져서 현실의 무게를 잊어버리는 일이 없어야 한다.

Chapter 7

인간에게 영원한 시간이
주어진다면

나이를 먹는 것은 포기의 연속이라는 말로 표현될 수 있다. 포기하고 싶지 않다고 생각해도 어쩔 수 없이 포기하지 않으면 안 되는 일들의 연속으로 이어지는, 나이를 먹는다는 건 그런 일이다.

영원한 젊음도, 영원한 생명도 꿈에 지나지 않는다. 40세를 목전에 두면 누구나 가슴이 허전해져 온다. 그러다 40대 후반부터는 서서히 노안이 찾아오고, 50세부터는 만성화되는 요통에 시달리게 되며, 60세부터는 키가 줄어든다.

노화는 피할 수 없는 자연현상으로 무리를 해서 저항하려고 해도 원래대로 되돌릴 수가 없다. 그러니 포기가 빠른 사람일수록 나이 먹는 법에 익숙해지지 않을까 싶다.

인간의 몸이 기계라면 고장이 나도 부품을 교환하면 될 일이지만 안타깝게도 우리 몸은 살아 있는 세포로 되어 있기에 그럴 수 없다.

일부에서는 안티에이징이라는 게 유행인데, 가만히 내용을 들여다보면 대부분 쓸데없는 것들로밖에 보이지 않는다. 미용에 특히 신경을 쓰는 여성들이 자꾸만 안티에이징을 의식하는 것은 이해가 되지만, 최근에는 남성들까지 실제 나이보다 열 살 정도 더 어려 보이기 위해 어떻게 하면 좋을지 고민한다.

나는 지금 시대는 '젊음'이라는 것에 너무 많은 가치를 두고 있다고 생각한다. 이는 그만큼 '늙음'을 부정적으로 받아들이고 있다는 뜻이다. 늙음에 대한 부정은 필연적으로 노인의 존재를 부정하는 것으로 이어진다.

초고령화 사회인 일본은 앞으로 노인뿐인 나라가 된다고 하는데, 대체 어떻게 할 것인가? 그렇다는 것은 일본인의 대부분은 이미 살아 있어도 별 볼 일이 없는 존재가 된다는 뜻인가?

오늘날의 안티에이징은 눈에 보이는 젊음만 중시되고 있는 것 같은데, 체내에서 일어나고 있는 노화는 그런 외견과 전혀 일치하지 않는다. 만약 안티에이징으로 몸속의 노화도 겉과 흡사하게 막을 수 있다면 그 기술을 널리 보급시켜 평균수명을 150세까지 늘릴 수 있을 것이다.

하지만 결코 몸에 부하가 걸리지 않는 건강한 생활을 영위하더라도 나이에 상응하는 노화는 막을 수 없다. 실제 연령보다 열 살이나 어려 보인다고 해도 내장기관, 혈관이나 피부 조직, 근육까지 열 살 젊어지는 것은 아니다. 체내 세포의 노화는 오늘날의 의학기술로는 컨트롤할 수 없기 때문이다.

그렇기 때문에 나는 안티에이징에 그다지 관심이 없다. 사람은 반드시 늙고 언젠가는 죽기 때문에 아등바등 젊어지려고 해도 효과가 전혀 없다.

나는 암 검사뿐만 아니라 건강검진도 오랫동안 받지 않았다. 하물며 하루 종일 시간이 걸리는 종합검진 따위는 더욱 달갑지 않은 기분이 들어서 병원에 갈 생각이 전혀 없다.

사람은 나이를 먹으면 몸에 어딘가 이상이 생기기 마련이다. 건강검진에서 정상치라고 듣게 되는 것은 통계학적인 평균치로, 그 사람 개인의 정상치라고는 할 수 없다.

예를 들어 혈압이 높은 사람은 높은 혈압으로 사는 것이 건강하게 살아가기 위한 조건일지 모른다. 그것을 약으로 무리하

인간은 원래 게을러야 행복하다

게 내리면 오히려 상태가 나빠져 생활에 지장을 일으킬 가능성이 생길 수 있다. 체질이나 연령, 생활환경 등에 따라서 무엇이 정상인지는 사람에 따라 다르다.

게다가 병원에서 하는 건강검진은 실은 제약회사나 의사들을 돈 벌게 하기 위해서 해주는 부분도 있을 것이다. 건강검진을 받지 않으면 고혈압이나 복부비만이라는 말을 듣지 않으니 차라리 마음이 편하다. 물론 스스로 판단해서 병원에 가는 편이 좋다는 생각이 들 때도 있지만, 내 경우는 그렇다.

예를 들어 암에 걸리면 암의 종류에 따라서 수술을 할 수도 있고 항암제로 치료를 할 수도 있지만 대개의 경우 그냥 방치해둘 것이라고 생각한다.

암 치료에 대해 다양한 방법으로 문제 제기를 하는 의학자 곤도 마코토近藤誠 박사는 대부분의 암들이 방치해두든 치료를 하든 결국 생존율은 변하지 않고, 더 나아가 아무런 치료도 하지 않는 편이 오래 살 수 있다고 말한다. 그러니 일부러 힘들게 항암치료를 받고 자칫해서 부작용이라도 생겨 고통을 받기보다는 그냥 두는 편이 현명할지도 모른다.

암도 일종의 노화현상으로, 나이를 먹으면 암으로 병들어 가는 것도 어쩔 수 없는 일이다. 몸의 각 기관은 버틸 수 있는 시간이 대개 정해져 있기에 나이를 먹을수록 여러 곳에 탈이 나기 마련이다.

그렇기에 몸 상태가 감당할 수 없을 만큼 이상해지면 어떻게든 하려고 노력할 게 아니라 어쩔 수 없다면서 포기하는 편이 정신적으로 편하고, 더 나아가 장수할 수 있는 방법인지도 모른다.

사람은 늙거나 병에 걸리거나 해서 반드시 죽게 마련이다. 하지만 생명 그 자체는 불사다. 인류는 약 38억 년 전에 지구에 처음으로 탄생했는데, 생명은 끊어지는 일 없이 무수한 생물의 개체를 뛰어넘으면서 끊임없이 이어져왔다.

수정한 난세포는 점점 분열해서 생식세포와 체세포가 되는데 생식세포 계열은 자손을 만들어나가기 때문에 불사라고 할 수 있다. 반면에 내장이나 근육, 피부를 만들어내는 체세포는 인간의 몸속에서 50회 정도 분열을 반복하다가 노화해서 죽는다.

결국 죽는 것은 체세포의 집단인 그 생물의 고체 부분으로, 이를 바꿔 말하면 인간을 비롯한 다세포생물이 죽음과 맞바꾼 고체라는 시스템을 취득했다고 할 수 있다. 다세포생물이 갖고 있는 다양한 형태와 행동 패턴을 죽음이라는 대상과 바꿔서 손에 넣었다는 뜻이다.

예를 들어 우리가 멍청한 생각을 하거나 공을 던지고 기뻐하거나 돈이 없다며 한탄하는 것도 고체로서 살아가기 위한 일로, 만약 불사의 생식세포 계열만으로 살아 있으면 그런 일은 아예 없을 것이다. 인간은 죽음이 있기에 고체로서 삶을 즐길 권리를 얻는다는 뜻이다.

만약 생물의 고체가 죽지 않는다면 새로운 고체를 만들 수 없게 된다. 새로운 생물 고체를 만드는 재료가 없어지기 때문이다. 고체가 죽으면 고체를 만들어내는 유기물은 분해되어 다시 다른 생물의 몸이 되어 순환한다.

그런데 만약 고체가 늙지도 않고 죽지도 않는다면 일부러 아이를 만들어 생명을 이어가는 일은 의미가 없어진다. 무한한 생명을 찾는 게 인류의 꿈이라지만 그렇게 되면 상당히 지루한 삶이 기다리고 있을 것이다. 영원한 시간이 있는 것은 시간이 없는 것과 마찬가지가 아닐까?

언젠가 죽는다는 사실을 알기에 지금이라는 순간을 즐길 수 있고 당장 건강하다는 사실에 기쁨을 느낄 수도 있다. 그것은 우리가 반드시 죽을 운명인 고체이기 때문에 인생을 즐길 수 있다는 뜻이 된다.

Chapter 8

현대인의
초식문화에 대하여

이제는 하나의 보통명사로 자리 잡은 '초식남'은 연애에 관심이 전혀 없는 남자를 가리킨다. 그런데 최근 들어 많은 젊은이들에게 초식화 현상이 번지고 있다는 얘기를 들었다. 한 마디로 섹스는커녕 연애조차 담을 쌓고 살아간다는 것이다.

하지만 이런 현상은 남자들만의 얘기가 아니다. 얼마 전에 일본성교육협회의 조사를 통해 여성들도 마찬가지라는 사실을 알게 되었다. 여고생이나 여대생들의 혼전섹스 경험 비율은 1974년부터 일관되게 상승해왔는데, 최근에 처음으로 내리막길로 전환했다고 한다.

최근에 들은 이야기인데, 인터넷 상거래를 통해 남성을 위한 자위기구가 엄청나게 많이 팔린다고 한다. 이것도 초식문화를 나타내는 하나의 현상일지 모르지만, 중요한 사실은 성욕을 향하는 대상이 살아 있는 여성에서 머릿속의 환상으로 변했다는 것이다.

살아 있는 여성과의 섹스까지 도달하기엔 시간도 돈도 너무 많이 들기 때문에 귀찮고, 자칫 진짜 연애로 발전했다가 상처받는 것도 두렵다. 그렇기에 그냥 도구를 이용하거나 야한 동영상을 보는 쪽이 편하다고 생각하는 듯하다.

경제적으로 자립하는 여성은 남성과 사귀거나 결혼할 필요가 줄어든다. 그렇기에 계속 '남자와 관계하지 않는 여자'로 살아갈 수 있는 것이다.

젊은 시절에 '에로지수 불변의 법칙'이라는 말을 들은 적이 있다. 이 법칙은 '$a \times b = c$'라는 단순한 공식으로, 여기서 a는 육체의 에로지수, b는 마음의 에로지수, 그리고 c는 개개인의 에로정수를 가리킨다.

나이를 먹으면 몸$_a$은 서서히 필요지수가 감소되지만 에로정수$_c$는 변하지 않기 때문에 마음$_b$은 그것과 반비례해서 점점 성욕이 강해진다는 뜻이다. 즉, 나이를 먹고 늙어가도 성욕이 말라가기는커녕 점점 상승한다는 얘기다.

이런 말을 처음 들었을 때는 실감할 수 없었기에 그저 농담으로 여겼지만 나이를 먹어가면서 꽤 그럴 듯한 얘기라는 생각이 들기도 한다.

원래 이 공식은 섹스의 대상이 현실의 남자와 여자를 전제로 하는 것인데, 요즘 젊은이들은 섹스의 대상이 현실의 세계에서 가상의 세계로 옮겨간 듯해서 더 이상 이 공식의 범주 안에 들어갈 수 없을 것 같다.

섹스 행위는 본래 새로운 생명을 만들어내기 위한 것으로 대부분은 그 행위에 몸과 정신의 모든 것을 담는다. 생명력이 강한 젊은 세대일수록 당연히 성행위도 왕성하기 마련인데, 생명이 있는 인간에게 섹스 욕구가 사라지고 있는 현상에는 분명다른 이유가 있을지 모른다.

현대인들은 대부분 도시 지역에서 살고 있다. 도시에서 살면모든 것이 콘크리트로 둘러싸여 있는 듯한 환상이 싹트게 된다. 더우면 에어컨을 틀고, 추우면 난방을 튼다. 편의점에 가면언제든 먹거리를 쉽게 손에 넣을 수 있다.

그런 가운데 거의 유일하게 콘크리트로 만들어져 있지 않은것이 있다. 바로 사람의 몸이다. 도시문화에 너무 길들여진 우리이기에 콘크리트로 만들어져 있지 않은 인간을 섹스의 대상으로 여기지 않는 것일까?

점차 초식화로 향하는 인간의 눈으로 본다면 상상하기 어렵겠지만 생물 중에는 말 그대로 목숨을 걸고 섹스 행위를 하는 놈들도 있다. 호주에는 안테키누스antechinus라는 이름의 주머니쥐가 있다. 캥거루나 코알라 같은 유대류有袋類: 미숙아로 태어난 새끼가 성숙할 때까지 어미의 주머니 속에 머무는 동물로, 어느 시점에서 1년이 지나면 살아남은 대다수가 암컷과 새끼들밖에 없는 신기한 동물이다.

왜 수컷이 없을까? 안테키누스는 남반구의 봄에 해당하는 9월에 새끼를 낳는다. 보통 유대류의 새끼는 곤충의 유충처럼 매우 작은데 안테키누스도 태어날 때는 0.5그램밖에 안 된다.

3개월 정도 어미의 주머니 속에서 자란 새끼는 12월에는 젖을 떼고 스스로 먹이를 찾아 나서게 된다. 그로부터 반년 정도 지나 7월 말쯤 되면 성장한 새끼들은 모두 발정기로 접어든다.

그러면 수컷은 성욕이 폭발하여 먹고 자는 것도 잊고 암컷과 오로지 교배에만 힘쓴다. 그런데 대부분의 포유류들은 혈액 속에 남성호르몬의 불과 몇 퍼센트만 유효한 기능을 하지만 안테키누스들은 100퍼센트 모두 기능해버린다.

교배 상대를 발견하면 12시간 가까이 계속 교배만 하다가 그 상대와 끝나기가 무섭게 다른 상대를 붙잡고 다시 긴 교배를 시작한다. 그렇게 2~3주일 동안 먹지도, 마시지도 않고 오직 교배만 하다가 정력을 다 쥐어짜는 바람에 숨을 거두고 만다. 인간으로 말하면 섹스 행위 중에 죽는, 이른바 복상사로 죽는 것이니 녀석들의 섹스 집착이 얼마나 강한지 알 수 있다.

이렇게 수컷이 전멸해버리면 암컷은 새끼를 낳고 자기들끼리 1년 가까운 시간을 보낸다. 재미있는 사실은, 암컷이 수컷보다 두세 배 더 오래 사는데 수컷도 발정기 전에 거세를 하면 암컷처럼 오래 살 수 있다.

안테키누스의 수컷은 왜 생명을 잃어가면서 섹스에 집착하는 것일까? 사회생물학적으로 말하자면 당연히 자신의 유전자를 후세에 남기기 위해서인데, 그렇다면 애초부터 안테키누스를 비롯한 모든 동물들은 왜 유전자를 남기려고 섹스 행위를 하는 것일까?

수컷이 존재하지 않아서 암컷 혼자서 새끼를 낳는 단위생식 생물도 있다. 단위생식 생물이 존재한다는 것은, 유전자를 남기기 위해 반드시 수컷과 암컷이 섹스 행위를 해야 하는 건 아니라는 뜻이 된다.

나라奈良의 가스가산春日山에 있는 삼하늘소과에 속하는 곤충은 모두 암컷이다. 새끼는 모두 어미와 동일한 유전자를 가지고 있는데, 흥미로운 사실은 오키나와 현에 있는 이리오모테섬西表島에는 같은 종임에도 수컷이 있어서 유성생식을 한다는 점이다.

이처럼 같은 곤충이라도 서식 장소에 따라 단위생식과 유성생식으로 나뉘는 이유는 무엇일까? 어쩌면 환경의 차이에 따라 단위생식 쪽이 유리하기에 그것을 선택했다는 뜻이 아닐까?

단위생식의 장점은 섹스 행위에 필요 이상의 에너지를 소모하지 않아도 된다는 것이다. 유성생식 생물은 섹스 행위에 도달하기까지 우선 암컷과 수컷이 상대를 고를 필요가 있는데, 그것만으로도 꽤 많은 시간과 에너지가 요구된다.

성행위 자체도 경우에 따라서는 안테키누스처럼 생명을 탕진할 정도의 에너지를 사용한다. 게다가 그렇게 고생해서 유성생식으로 새끼를 만들어도 자기들의 유전자는 절반밖에 전해지지 않는다.

단위생식은 이런 비효율적인 일들을 모두 생략할 수 있다. 요컨대 섹스 행위에 사용되는 시간과 에너지를 절약할 수 있으며 자신의 유전자도 100퍼센트 전달할 수 있다.

그런데 왜 대다수 생물이 단위생식을 택하지 않은 것일까?

여러 가지 설이 있지만, 가장 유력한 가설은 단위생식으로는 유전자의 다양성을 유지하지 못하기 때문이라는 것이다. 유전적 다양성이 결여되면 환경의 변화나 질병, 적의 공격을 방어해낼 수도 없고, 그대로 도태될 가능성도 높다.

확실히 환경이 변화될 때는 유전적 다양성이 높은 쪽이 유리하지만, 환경이 안정되어 있을 때는 단위생식 쪽이 유리한 면이 있다. 예를 들어 가스가산의 곤충은 거의 북한계北限界의 고체군으로, 유성생식으로 유전자를 재편성해버리면 그 환경에 적응할 수 없게 되어버릴지도 모른다.

과연 인간의 초식화는 어떤 의미를 갖는 것일까? 분명하게 말할 수 있는 것은, 유성생식을 행하는 생물로서 섹스 행위의 행동 패턴에 큰 변화가 일어나면 자손 번식에도 필경 큰 영향을 끼칠 것이라는 사실이다.

사실, 과거와 비교해서 인류는 너무 많이 늘어났다. 현생 인류인 호모 사피엔스가 탄생한 16만 년 전의 전 세계 인구는 대충 잡아서 수십 만 명 정도밖에 되지 않았다고 한다.

그것이 1만 년 전에는 수백 만 명, 기원전 무렵에는 2억 명, 산업혁명으로 인구증가의 속도가 급속히 빨라진 19세기 말에는 16억 명, 인구폭발의 시대라 부르는 20세기 중반에는 25억 명, 그리고 지금은 70억 명을 넘어버렸다.

이런 현상을 자세히 들여다보면 이상하다고 생각될 만큼 가파른 증가 추세를 보이고 있다. 대형 포유류 중에서 이 정도 증가 추세를 보이는 생물은 인간밖에 없는데, 일례로 고릴라는 전 세계적으로 약 10만 마리밖에 되지 않는다.

지구상에 70억 명이나 되는 인간이 존재한다는 것은 식량자원이나 에너지자원의 관점에서 봤을 때도 큰 위기다. 특정한 종의 고체 수가 폭발적으로 증가하면 자원을 먹어치워 없앨 가능성이 매우 높아진다. 그런 의미에서 인구의 폭발적인 증가는 결코 좋은 징조가 아니고, 더구나 야생의 기질을 잃어버린 인간은 하나의 생물로서 존재하기에 취약하기 짝이 없다.

여기까지 생각이 미치니, 나는 인류가 앞으로 1만 년 정도 뒤에 멸망할 가능성이 있지 않을까 하는 생각이 든다. 기생충학자 후지타 고이치로藤田紘一郎 씨는 이렇게 예언한 바 있다.

"인류는 빠르면 앞으로 100년, 아무리 길어도 1000년 안에 멸망할 것이다."

도시화된 지역에서 급속하게 표면화되고 있는 인간의 초식화 현상은 인구가 이상할 정도로 증가함으로써 위험수위에 들어선 인류의 위기를 피하고자 하는 방위적인 선택인지도 모른다.

나는 인생의 다양한 가능성을 느끼고 싶지만,
그럼에도 나는 무섭도록 제한된다.

실비아 플라스 Sylvia Plath

Part 2

당신에게 무한한
재능이 있다는 거짓말

Chapter 9

자기다움은
누군가의 흉내일 뿐

오래전부터 이 사회가 '개성'이라는 말을 자주 사용해온 탓인지 '자기다움'을 원하는 사람들이 많이 늘어났다. 그런데 개성이 어떻다고 말하기 이전에, 일단 읽고 쓰거나 계산할 수 없어서 다른 사람들과 소통하지 못하면 제대로 된 생활을 할 수 없다는 사실을 알아야 한다.

요즘 학교에서는 개성이니 뭐니 해서 살아가는 기술만 제대로 교육하면 그것으로 충분하다고 생각하는 모양인데, 사실 개성이 없는 인간은 없으므로 무리하게 그것을 강조할 필요는 없다.

자기다움을 요구하는 풍조가 더욱 기승을 부리게 된 데는 탤런트나 운동선수들의 공이 크다. 그들은 마이크 앞에서 '나답게 살고 싶다'거나 '나답게 경기를 하고 싶다'는 말들을 자주 떠들어댄다.

하지만 자기다움이라는 말은 그저 환상에 지나지 않는다. 개성이나 독창성이라는 것도 사실은 전부 다른 사람을 흉내 낸 다음에 그것을 바탕으로 뭔가를 만들어내는 것뿐이다.

누군가 매우 독창적이고 복잡한 언어를 발명했다고 치자. 그런데 인간의 언어구조를 완전히 벗어난 전혀 다른 차원의 언어를 만들어냈다면 어떻게 될까? 그러면 다른 사람들로부터 이해를 구하는 일조차 힘들 것이다.

인위적으로 만든 국제어인 에스페란토Esperanto어만 해도 다른 언어와 공통되는 구조에서 재창조되었다. 그렇게 공통되는 구조를 사용하고 있기 때문에 실제로는 어느 누구도 사용하고 있지 않지만 독창적인 언어로 인정해주는 것이다.

축구선수가 '나는 누구도 따라올 수 없는 나만의 독창적인 경기를 하겠다!'고 말하며 이상야릇하게 볼을 다루면 그것은 이미 축구의 카테고리를 벗어난 별종의 공놀이가 되고 만다.

자기다움이나 개성이라고 하는 것은 모두 어떤 카테고리 안에서만 성립한다. 예를 들어 축구선수라면 다른 사람의 멋진 플레이를 오랫동안 흉내 내며 반복해서 훈련한 뒤에 자연스럽게 나오는 것이 그다운 축구라고 할 수 있다.

그렇기에 자기다움이나 개성은 처음부터 새롭게 창조된 것이 아니라 다른 사람을 흉내 낸 결과물로, '저 사람은 뭔가 다른 사람들이 할 수 없는 일을 하는 것 같다'며 인정받기 시작하면 자연스레 드러난다.

그런데 많은 사람들이 자기다움을 원하면서 이미 자신의 어딘가에 잠재되어 있는 자기의 본래 모습을 찾아내면 된다는 식으로 착각을 한다. 하지만 자기다움이나 개성은 주변으로부터 인정받아야 하는 것으로, '이것이 나의 개성'이라고 아무리 말을 해도 주변 사람들이 인정해주지 않으면 소용없다.

자기다움을 고집하는 사람들은 자신이 진정으로 하고 싶어 하는 일을 아직 발견하지 못했다고 말하거나 일을 해도 뭔가 만족스럽지 못하다고 여기는 경향이 있다. 하지만 자신이 잘하는 분야로 무엇을 하든, 아니면 취미의 연장선상에서 일을 하든 그것으로 생계를 유지할 수 있는 사람은 극소수에 불과하다.

아무리 골프를 좋아하고 잘한다고 해도 대회에 나가 우승하지 않으면 프로선수가 될 수 없고, 바둑을 잘해서 프로기사가

인간은 원래 게을러야 행복하다

되고 싶어도 그냥 보통 수준보다 조금 더 잘하는 정도로는 취미생활에 그친다. 자기가 가장 하고 싶은 일을 직업으로 삼는 사람은 극소수에 지나지 않는다는 얘기다.

그래도 직업이 있고 생활을 할 수 있다면 우선은 그것으로 충분하지 않을까? 일은 그와 같은 정도의 의미로 딱 잘라 구분을 짓고, 일하는 시간 외에 자신이 좋아하는 것을 할 수 있다면 충분히 즐거운 인생을 보낼 수 있을 것이다.

오늘날과 같은 정보화시대에는 '나도 저렇게 되고 싶다'는 모델이 되는 사람들이 눈에 많이 들어온다. 나의 욕망이나 꿈을 자극하는 사람들이 끊임없이 등장한다면 그때마다 '나는 무엇을 하고 있는 거지? 더욱 나답게 살아야겠다!'고 마음먹어야 한다.

그럼에도 그 사람들이 그동안 어떤 과정을 밟아왔으며, 어떤 노력을 기울여왔는지는 생각하지 않고 '진정으로 나다운 일이란 이런 게 아닐까?' 하며 그들에게 그저 막연한 동경만을 투영하고 그냥 끝나버리는 느낌이 든다.

예전에 나의 지인 중에 소설가가 되고 싶다는 사람이 있었는데 그에게 어떤 글을 쓰고 있냐고 물었더니 '아직 아무것도 쓰고 있지 않은데……'라고 말했다.

열심히 글을 써서 주위 사람들에게 보이면 좋든 나쁘든 평가를 받게 되고, 그런 과정을 거쳐 언젠가는 작가가 되는 것임에도 불구하고 아무것도 하지 않으면서 막연히 '나다움을 찾기 위해 소설가가 되고 싶다'고 말한다면, 그는 죽을 때까지 원하는 것을 손에 넣지 못할 것이다.

애초에 나다운 인생이 따로 있다고 생각하는 것은 환상으로, 그렇게 생각하는 사람은 싱크로나이즈 선수가 방긋방긋 웃으며 춤추는 것을 보고 박수를 치면서도 물속에서는 엄청난 에너지를 쏟으며 발을 움직이고 있는 것을 알아채지 못하는 것과 같다.

진정한 자기다움은 이처럼 보통 이상의 노력으로 하나의 탑을 쌓기 시작한 다음에 세상 사람들로부터 인정받아야 한다. 아무런 노력도 하지 않고 '자신 찾기'만을 반복하는 것은 인생의 낭비다.

Chapter 10

이타주의가 아니면
어떤가?

자연재해가 발생하면 많은 사람들이 봉사활동을 하기 위해 피해지역을 방문한다. 저마다 사회생활로 바쁠 텐데도 주말을 이용해서 봉사활동에 나서는 사람들의 이야기를 TV뉴스에서 보고 기가 죽는 사람들이 많다. 그들은 이렇게 생각한다.

"대단하다, 저 사람들에 비해 아무것도 하지 않는 나는 참 나쁜 사람 같다……."

그러나 기죽을 필요 없다. 선의를 베풀면 반드시 보상이 돌아온다고들 하지만, 그것은 대체적으로 봉사활동을 하는 사람들의 머릿속에 자리 잡은 생각일 뿐이다.

누군가에게 친절을 베풀면 그런 선행이 돌고 돌아서 결국 자기 자신을 위한 일이 된다는 마음인데, 여기엔 타인을 위해 선의를 행하면 자신에게도 이득이 된다는 이타주의적 요소가 내포되어 있다.

물론 봉사활동을 하는 사람들은 상대방에게 보답을 바라거나 뭔가 보상을 기대하지 않는다. 하지만 열심히 땀을 흘려 도움을 줬는데 고맙다는 말 한 마디 듣지 못한다면 '이게 뭐지?' 하는 생각이 들 것이다.

인간은 타인으로부터 인정받고 칭찬받고 싶어 하는 마음이 강한 동물이다. 타인으로부터 긍정적인 평가를 받음으로써 자신이 세상에 필요한 존재라는 확신을 하게 되기 때문이다. 그리고 이럴 때 느끼는 만족감은 다른 어떤 일보다 큰 기쁨을 가져다준다. 오늘날 같은 복잡한 사회를 살다 보면 개인의 존재의식은 아무래도 점점 희박해지기 마련이다. 그렇기에 자신의 존재를 타인으로부터 인정받고 싶어 하는 욕구가 점점 강해진다.

봉사활동이라는 행위는 그런 인정에 대한 소망을 손쉽게 채워준다. 봉사활동을 해본 적이 없는 사람은 '자기 일도 아닌데 저렇게 힘든 일을 잘도 하는구나' 하며 관심을 갖거나 존경심을 보이는데, 사실 봉사활동을 하고 있는 사람의 뇌는 인정받고 싶다는 욕망으로 차 있기에 그로 인한 쾌감을 느끼고 있을지 모른다. 그렇다고는 해도 이렇게 생각하는 사람도 있을 것이다.

"마더 테레사 수녀 같은 수준이라면 세상 사람들로부터 인정받고 싶다는 욕망을 뛰어넘지 않을까?"

하지만 그렇게 초월적인 행동을 보이는 사람이라도 인정에 대한 욕망의 충족이라는 점에서는 똑같다고 생각한다. 위대할 정도로 무한한 사랑을 베푸는 그 행위에도 틀림없이 인정에 대한 욕망 충족이라는 쾌감이 있다는 얘기다.

더구나 사랑이 깊을수록 충족도는 더 깊어지기 마련이다. 그렇다고 마더 테레사 수녀의 봉사활동을 폄훼하는 것은 아니지만, 세상으로부터 인정받고자 하는 인간의 욕망은 그렇게 뿌리가 깊다.

사람은 타인에게 피해를 입히지 않는 한 즐거운 일을 할 권리가 있다. 봉사활동이 즐거운 사람은 봉사활동을 많이 하면 된다. 그렇게 해서 이타주의를 실천하고 거기서 삶의 보람을 느낀다면 그것으로 좋다.

자원봉사 같은 이타주의적인 행동을 하지 못한다고 해서 스스로를 나쁜 인간으로 취급하지 않았으면 한다. 그들에게 달려가 직접 몸으로 도움을 주는 것도 좋지만 멀리서 안타까운 마음으로 응원을 해주는 것도 그에 못지않고, 이것이 진짜 이타주의라고 생각한다.

Chapter 11

일본에 자살하는
사람들이 많은 이유

경제 수준이 세계에서 톱클래스인 일본에서 왜 자살하는 사람들이 매년 3만 명 이상이나 되는 것일까? 나는 그 이유를 일본인들이 가지고 있는 죽음에 대한 공포심의 강도와 관련이 있다고 생각한다.

죽음에 대한 공포는 절대 죽고 싶지 않다고 생각하는 생에 대한 집착의 반대이자, 동시에 죽으면 편해진다고 하는 기분을 유인하기 쉬운 감정이다. 실제로 자살하는 사람들은 죽는 게 무섭다고 생각하는 경우가 많지 않을까? 철학자 나카지마 요시미치中島義道는 자살을 감행했다가 미수로 그친 적이 몇 번 있다고 하는데, 그의 에세이를 읽으면 '죽음이 무섭다'는 말을 꽤 많이 볼 수 있다.

특히 일본인의 경우 종교적 가치관이 일상 속에 침투되어 있지 않기 때문에 더욱 죽음에 대한 두려움이 있다. 만약 많은 일본인들이 사후세계나 죽으면 윤회한다는 것을 믿는다면 죽음을 그만큼 두려워하지 않고 자살하는 사람도 지금처럼 많지는 않을 것이다.

큰 병에 걸려 죽음이 가까워지면 기독교나 불교에 귀의하는 사람들이 많다. 그것은 기독교나 불교가 내세를 약속하는 종교이기 때문이다. 행복지수 세계 1위라는 부탄에서는 내세를 믿는 것이 그들의 행복감에 크게 공헌하고 있는 듯하다.

미타라이 다마코御手洗瑞子의 《부탄, 이대로 좋다ブータン、これでいいのだ》라는 책에는 꽤 흥미로운 내용이 등장한다. 부탄의 의사가 수술을 위해 기도 확보를 해야 하는데 제대로 할 수 없자, 의사가 '어차피 이 사람은 이제 곧 죽으니 내세를 기대해야겠네요!' 라고 말해서 질색했다는 일본인 간호사의 에피소드가 나온다.

결국 그 환자는 일본인 간호사가 기도 확보를 제대로 한 덕에 수술할 수 있었고, 지금도 건강하게 잘 살고 있다고 한다. 죽어도 내세가 있으니 고통 없이 죽는 편이 낫다는 게 그 의사의

인간은 원래 게을러야 행복하다

생각이었겠지만, 일본인 간호사의 입장에서 보면 정말 말도 안 되는 이야기다.

하지만 특별히 그 의사가 이상한 생각을 했던 게 아니라 부탄에서는 비슷한 생각을 하는 사람들이 많다고 볼 수도 있다. 그러니 죽음 따위는 두려워할 이유가 없는 것이다. 하지만 대다수 일본인들은 죽으면 그냥 한 줌의 재가 되어버린다고 생각하기 때문에 그만큼 죽음에 대한 공포가 크다.

나는 뇌 속에서 죽음이 무섭다고 생각하는 신경세포와 죽으면 편해진다고 생각하는 신경세포가 비교적 가깝게 위치하고 있다고 생각한다. 게다가 미묘한 차이로 각각의 생각이 서로 교차하고 있는 게 분명하다.

이를 증명하는 증거는 많다. 우리 주변엔 오른쪽과 왼쪽을 자주 혼동하는 사람들이 있다. 운전을 하면서 내비게이션이 우회전하라고 지시하는데도 좌회전을 하거나 체조를 하다가 오른손과 왼손을 분간하지 못한다. 이런 현상은 뇌 속에서 좌측이나 우측과 같은 언어를 지배하는 부위가 매우 가까운 곳에 있어서 때로 엇갈릴 때가 많기 때문이 아닐까?

이처럼 죽음이 무섭다고 하는 것과 죽으면 편해진다고 하는 말은 정반대 개념이기 때문에 교차하기 쉬운 것이라고 생각된다. 죽고 싶지 않다고 생각하는 사람은 삶에 대한 집착이 강해서 더욱 더 죽는 게 무섭다고 생각하기 마련이다.

반대로 삶에 그다지 집착하지 않는 사람은 어차피 언젠가는 죽는 것이니 일부러 스스로 죽을 필요는 없다고 생각하는 듯하다. 노인들의 경우에 그냥 지금 죽어도 괜찮다고 하는 사람이 자살 같은 것은 결코 하지 않는 것과 같다.

따라서 죽고 싶지 않다고 생각하는 사람은 죽음이 무섭다고 느끼기 때문에 죽으면 편해진다는 정반대의 개념을 유인해내기 쉽다는 얘기가 된다. 그렇기에 죽고 싶지 않다고 생각하는 사람일수록 자살하기 쉽다는 추론이 성립된다.

자살하는 사람은 목숨이 자신의 소유물이자 어떻게 다루든 자기 마음이라고 생각하는 듯하다. 하지만 그것은 틀린 생각이다. 내가 일해서 번 돈은 내 것이다. 내 돈으로 산 것도 내 것이다. 그러나 내 목숨은 내 자신이 일해서 만들어낸 것도 아니고, 내 돈으로 산 것도 아니다.

처음부터 나와 함께 있는 것, 말하자면 창조된 것이기에 목숨은 내 것이 아닌 별개의 것이다. 그렇기에 어떻게 처리할지 마음대로 결정하는 건 잘못됐다고 할 수 있다.

'죽는 것은 내 마음'이라고 생각하는 것은 인간만의 특유한 행동일까? 달리 말하자면 자연계의 생물도 자살을 할까? 결론부터 말하면, 거의 없다고 볼 수 있다. 자살은 뇌의 전두엽이 이상하리만큼 발달한 사람들이 생각할 수 있는 것으로 그런 개념을 자연계의 생물들은 가질 수 없다.

《하멜른의 피리 부는 사나이The Pied Piper of Hamelin》라는 독일 동화가 있다. 피리를 불어 마을의 골칫거리인 쥐떼를 강으로 이끌어 빠져 죽게 만드는 이야기다. 그런데 이런 동화를 연상시키는 이야기로, 북미나 북유럽에 서식하는 레밍lemming: 비단털쥐과에 속하는 설치류의 일종의 집단자살이 있다. 레밍은 폭발적인 번식력으로 유명한데, 3~4년마다 수천수만 마리가 바닷가 절벽에서 떨어져 집단자살을 한다는 것으로 한층 유명해졌다.

이를 두고 여러 가지 학설이 있었다. 어떤 학자는 개체 수가 지나치게 불어나서 먹이가 부족하게 되면 늙은 쥐들이 후손들을 위해 스스로 자살하는 것이라고 말했는데, 만약 늙은 쥐들이 그런 의도로 집단자살을 한다면, 그건 레밍이 인간 못지않은 이성을 가졌다는 해괴한 결론에 이른다.

그들은 자살이 아니다. 레밍은 폭발적으로 늘어난 개체 수로 인해 먹이가 부족하면 새로운 먹이 장소를 찾으려고 무리지어 이동하게 된다. 그런데 도중에 무리의 수가 너무 많다 보니 자체적인 힘에 못 이겨 계곡으로 떠밀려 떨어지거나 강을 건너다 그냥 빠져 죽거나 한다.

악어 중에는 100년, 200년씩 사는 종이 있는데 죽음이 가까워지면 먹이를 먹지 않고 자살한다고 알려져 있다. 하지만 이것도 사실이 아니다. 늙은 악어는 과도한 노화로 인해 체력을 상실함으로써 먹는 것을 관장하는 기능이 망가져서 자연사하는 것이다.

자살은 생물계 안에서 오직 인간만이 하는 행동이다. 따라서 뇌 과학을 통해 자살의 메커니즘을 깊이 연구하다 보면 인간의 본질에 도달할지도 모른다.

다윈의 진화론이라는 견지에서 보면 자살은 이해 곤란한 행위다. 진화론에 의하면 적응하기 위한 행동이나 형질은 자연적인 선택의 결과로 남고, 적응하지 못하는 행동이나 형질은 도태된다.

적응이란 간단히 말하면 자손을 많이 남기는 능력이기 때문에 그 관점으로 봤을 때 자살은 분명 적응이라고 하기는 어렵다. 자살은 거대해진 뇌의 부산물이자 거기에 적응하는 과정에서 생기는 부작용이라는 문맥으로 읽을 수도 있지만, 그래도 여전히 의미를 알 수 없는 행동임에 틀림없다.

Chapter 12

인간은 원래
유목민이었다

학교를 나와도 제대로 된 일을 찾지 못하고 세월을 보내는 사람이 있으면 주위 사람들은 '조금만 더 착실하게 살면 좋을 텐데……' 하고 안타까움을 비치게 된다. 그런데 드라마에 등장하는 한량 같은 사람은 계속 희희낙락 껄렁거리며 살고, 반대로 언제나 같은 장소에서 같은 모습으로 살아가는 사람은 평생 그런 식으로 착실하지만 남루하게 살게 된다.

어느 쪽에 속할지는 그 사람이 태어나면서부터 갖고 있는 성질에 의해 크게 좌우된다고 할 수 있다. 그렇다면 '착실하게 사는 법'은 생물학적으로 어떤 의미가 있을까?

생물은 크게 안주형과 이주형의 두 가지 타입으로 나뉜다. 전자는 계속 하나의 서식지에 터를 잡는 타입이고, 후자는 좁은 지역에 머무르지 않고 그곳을 벗어나 이동에 이동을 거듭하는 타입이다.

전자는 기후가 변하지 않는 한 그 자리에 붙박여 있는 것이 자신이나 종의 존속을 위해 가장 적합하기에 지금의 서식지에서 절대 움직이지 않는다. 사실, 이것이 대부분의 생물이 선택하는 생존법이다.

한편 후자는 산란하는 장소나 먹이를 구하고자 이동하는데, 이것은 인간의 이동과는 전혀 다르다. 철새나 해류를 타고 이동하는 물고기는 이동하는 루트가 정해져 있다. 예를 들어 연어는 자신이 태어난 강으로 산란을 위해 다시 돌아가는데, 이런 행동은 유전적으로 프로그램이 되어 있다.

하지만 인간의 이동은 이런 회귀형 생물들과는 패턴이 다르다. 인류의 기원은 약 700만 년 전으로 아프리카 지역의 침팬지과에서 분리된 것으로 보인다. 가장 오래된 인류는 아프리카 중부 카트에서 출토된 사헬란트로푸스 차덴시스Sahelanthropus Tchadensis이다.

초기 인류는 얼마 동안 아프리카에 머물렀지만 180만 년 정도 전에 출현한 호모 에렉투스Homo erectus가 아프리카 대륙을 벗어나 아시아로 진출하여 약 40만 년 전에 살았으리라 추측되는 자바원인과 약 4만 년 전에 살았으리라 추측되는 북경원인이 되었다.

사헬란트로푸스 차덴시스부터 호모 에렉투스까지 인류의 조상들은 500만 년 정도의 기간 동안 아프리카 대륙에만 머무르면서 그리 많은 이동을 하지 않은 듯 보인다.

180만 년 전에, 인류의 조상들이 갑자기 아프리카를 벗어나 이동하기 시작한 이유는 무엇일까? 우리의 선조인 호모 사피엔스는 10만 년 정도 전에 아프리카를 떠나 호모 에렉투스보다도 더 자유분방하게 이동하였다.

어느 특정한 장소에서 살다 보면, 계절에 따라 어디 가면 먹을 수 있는 열매를 얻을 수 있는지 혹은 어떤 포획물이 잡히는지 알 수 있는 지혜가 쌓이게 된다. 게다가 그 지혜나 기술은 고스란히 자손들에게 전해진다.

그러나 전혀 알지도 못하는 땅에 도착하면 하나부터 열까지 다시 시작하지 않으면 안 된다. 이는 자칫하다가는 먹고살 기회를 놓치는 위험을 뜻하는 것으로, 요컨대 같은 장소에서 생활의 지혜를 쌓아가면서 계속 살아가는 편이 생물로서는 압도적으로 유리하다는 얘기다.

그런데 같은 땅에 사는 사람들이 증가하게 되면 이번에는 인구밀도가 높아져서 식량이 부족해지고, 그로 인해 분쟁이 일어나거나 한다. 그런 이유로 그곳을 벗어나지 않으면 안 되는 사람들이 나타나게 된다.

새로운 땅으로 이동하기 위해서는 그만큼의 용기와 호기심이 필요하기 때문에 그만큼의 고통과 두려움이 기다리고 있는데도 과감히 익숙한 땅을 벗어나는 사람들이 있었다. 바로 이런 일을 반복하면서 인류는 전 세계로 퍼져 나갔던 것이다.

일례로 지금으로부터 1만 년도 더 전에 베링해협을 건너 신대륙 아메리카로 이동한 사람들이 있었다. 그들은 이주한 곳에서 시행착오를 거듭하며 적응한 끝에 마침내 그곳의 토지에 자기들만의 생활방식을 뿌리내렸다. 그들이 바로 아메리카 원주민들이다.

애초부터 인류는 대부분이 이민자들이다. 결과적으로 이주에 성공한 집단만이 세계 각지에서 현재까지 뿌리를 내리고 살고 있다. 따지고 보면 이주에 실패해서 전멸한 집단이 대다수이고, 성공한 쪽이 소수일 것이다.

호주의 원주민으로 알려진 애보리진aborigin은 선조들이 동남아시아로부터 단순히 통나무배를 타고 바다를 건너온 민족으로, 대부분 도중에 난파해서 호주에 도착하지 못했을 것으로 보인다.

추운 땅에 진출한 인류는 추위를 견디기 위해, 비가 적은 땅에 살기 시작한 인류는 물을 얻기 위해, 저마다 여러 가지 방법을 찾아냈을 것이다. 이러한 노력들이 문명의 기초를 마련했음은 두말할 필요가 없다. 이렇듯 인간은 한 곳에 정착하지 않는 삶을 선택해왔고, 그 위에 문명을 발달시켜왔다.

생물 중에는 이주를 통해 전 세계를 제패한 배추흰나비 같은 것도 있다. 배추흰나비는 중동이 원산지로 17세기 이전에는 일본에서 살지 않았다. 이들이 아메리카 대륙으로 건너간 때가 1860년으로, 100년 전에는 호주 대륙에서도 볼 수가 없었다.

이를 통해 알 수 있는 사실은, 배추흰나비는 재배식물과 함께 세계로 널리 분포되었다는 것이다. 이것은 배추흰나비가 인간을 좇아서 퍼져 나간 것임을 알 수 있다.

겨울이면 보소반도房總半島: 일본 관동지역의 남반부 남단에 사는 부전나비라는 생물이 있다. 이 나비는 따뜻한 계절에 세대교체를 반복하며 북상하는데, 경우에 따라서는 북해도까지 가는 일도 있다. 그러나 겨울에는 추위 때문에 보소반도 남단에 있는 것들 외에는 전멸해버린다.

이 녀석들은 왜 일부러 자살행위와도 같은 행동을 하며 이동을 고집하는 것일까? 다가올 온난화에 대비하려고 연습이라도 하는 것일까? 이는 인간을 포함해서 모든 생물의 행동이 항상 자연에 적응한다고 볼 수 없는 사례이다.

하나의 생물로서 상당히 이례적이고 이상할 만큼 연쇄적으로 이동을 계속해온 인간은 현재 세계 속으로 뻗어 있는 IT네트워크를 만들어내 물리적으로 이동하지 않더라도 눈 깜짝할 사이에 다른 세계의 정보를 입수할 수 있게 되었다.

그러나 이런 현상은 인간이 본래부터 가지고 있던 생물로서의 시간 감각이나 유목민이라는 생존 양식과 커다란 차이를 빚는다. 굳이 생존을 위해 유랑하지 않아도 세상의 모든 정보를 손에 쥘 수 있게 된 것이다.

오늘을 사는 인류는 나날이 발전하는 IT방식을 완전히 받아들이고 적응하는 능력이 부족해서, 이로 인한 스트레스가 날로 커져간다. 한마디로 IT의 발전 속도를 따라잡지 못해서 생기는 고통이다. 그럼에도 이런 상황을 스스로 만들어냄으로써 점점 유랑의 기질을 상실해가는 인류는, 어떻게 이 문제를 극복할 수 있을까?

Chapter 13

당신에게 무한한 재능이
있다는 거짓말

당신의 잠재능력을 100이라고 할 때, 과연 지금은 그중의 몇 퍼센트를 사용하고 있다고 생각하는가? 만약 이런 질문을 받으면 대답은 다양하게 나올 것이다.

"나는 평소에 별로 노력하지 않으니 아마 10퍼센트 정도가 아닐까?"

"나는 적어도 80퍼센트 정도는 사용한다고 생각해."

대답은 다양하지만, 적어도 100퍼센트 완벽하게 사용하고 있다고 말하는 사람은 없을 것이다. 50퍼센트보다 아래라고 말하는 사람과 50퍼센트보다 위라고 대답하는 사람을 비교하면 아마 전자 쪽이 훨씬 많을 것이다. 이는 많은 사람들이 잠재능력을 현실에서 실제로 사용하고 있는 능력보다 훨씬 크다고 생각한다는 뜻일 것이다.

오랜 노력 끝에 마침내 꿈꾸던 일을 해냈다는 감동적인 이야기를 다룬 신문이나 텔레비전 방송, 잡지들이 아주 많다. 이런 이야기가 많은 이유는 '사람에게는 무한한 가능성이 있다'라든가 '능력이란 무한한 것'이라는 사실이 사람들을 기분 좋게 만들기 때문이다.

하지만 나는 애초부터 인간에게 무한한 가능성이나 능력 따위는 없다고 생각한다. 100미터 단거리 경주를 할 때, 전문가의 지도를 받아 지금보다 1초 정도 빨리 뛸 가능성은 누구에게나 있지만, 누구나 우사인 볼트처럼 빨리 달리는 것은 아무리 노력해도 이룰 수 없다. 100미터를 9초대로 달리는 것은 보통 사람들의 한계를 훨씬 뛰어넘는 일이기 때문이다.

아프리카 어느 지역의 고유 언어를 모르는 사람이 그 말을 공부하면 원주민과 이야기를 하거나 알아듣거나 하는 능력은 개발될 테지만 그들의 수준까지 도달하기란 100퍼센트 불가능하다.

당연한 말이지만 사람에게는 유한한 가능성밖에 없다. 더

군다나 그 능력은 절반 정도가 거의 유전적으로 결정되고 만다. 유전자를 검사해서 '당신의 연봉은 이 정도가 될 것입니다'나, '당신은 명문대학에 합격할 것입니다' 같은 미래 예측은 할 수 없지만 우월한 능력의 소유자인지는 거의 유전적으로 결정된다.

예를 들어 음악이나 운동 또는 어학이나 수학의 재능이 있는지 없는지는 유전적으로 아주 정확히 결정된다. 다만 그런 능력에 관여하는 개개인의 유전자가 살아가면서 발현될지 어떨지는 후천적인 환경이나 교육 방법에 따라 정해질 뿐이다.

일례로, 어떤 능력에 관해 유전적인 레벨이 낮은 사람은 아무리 노력해도 그다지 늘지 않지만 유전적인 레벨 높은 사람은 적절한 환경이나 조건, 훈련을 받으면 성과를 한껏 높일 수 있다. 반대로 유전적인 레벨이 높더라도 적절한 노력을 하지 않거나 환경이 좋지 않으면 그 능력은 거의 개발되지 못한다.

유아기에는 그 아이가 어떤 능력을 가지고 있는지 좀처럼 알 수 없다. 어떤 아이라도 제대로 교육만 받으면 모든 분야에 훌륭한 재능을 발휘할 수 있다는 말은 완전히 거짓말로, 아이들이 어떤 재능을 갖고 있는지를 알기 위해서는 바이올린을 배우게 하거나 축구교실에 보내는 등 다양한 일들을 시켜보는 게

시간적으로 낭비하지 않는 방법이다.

어떤 분야에 타고난 센스가 있는 아이는 그런 일을 만나면 조금 다른 행동을 보인다. 이때 부모가 그 재능을 발휘할 환경을 만들어주는 게 중요하다. 매우 뛰어난 음악적 재능이 있는데 그 재능을 발휘할 만한 환경에서 자라지 못하면 그것이야말로 재능을 썩히는 일이다. 그러니 어떤 재능이 있는 것 같다는 생각이 들면 최대한 어려서부터 그것을 부활시킬 조건과 환경을 적극적으로 만들어주는 게 중요하다.

그렇지만 특정한 병에 걸리기 쉬운 유전자라면 될 수 있는한 깨어나지 않기를 바라는 수밖에 없다. 현대의학은 특정한 병에 걸리기 쉬운지 아닌지에 대해 유전자 검사를 통해 어느 정도 알 수 있게 되었다. 그래서 그 병에 대한 예방 대책을 세우는 일이 어느 정도 가능하다.

예를 들어 당뇨병으로 발전하기 쉬운 유전자를 가지고 있다는 사실을 알게 된다면 식이요법을 통해 발병을 예방하거나 발병 확률을 낮출 수 있다. 마찬가지로, 폐암에 걸리기 쉬운 유전자를 가지고 있다면 담배를 멀리하는 편이 좋을 것이다.

가까운 미래에는 질병의 유전자 유무를 검사해서 개인의 특성에 따라 예방 치료가 가능한 시대가 올 것이다. 다만 그렇게 됐을 때 좋지 않은 문제도 생길 수 있다.

예를 들어, '이 사람은 유방암에 걸리기 쉬운 유전자를 갖고 있어 발병 확률이 50퍼센트입니다'라는 진단을 받게 되면 결혼에 지장을 초래할 수도 있고, 생명보험이라도 들어둬야 할지 모른다. 더구나 유전자에 관한 정보는 지극히 개인적인 것이기에 그에 따른 취급에 대해서도 엄중을 기해야 한다.

우리가 가지고 있는 많은 유전자 속에서 좋은 유전자만 살리고 나쁜 유전자를 버릴 수 있다면 정말 이상적인 인생을 살 수 있을지 모른다. 그러나 현대의학으로는 유전자를 마음대로 다룰 수 있는 기술이 개발되지 않았기에 그런 이론은 그저 꿈같은 이야기에 지나지 않는다.

유전자를 검사해서 가계家系에 어떤 종류의 병을 가진 사람이 많은지, 체내의 어느 기관이 약한지를 잘 관찰한 다음 그것을 기준으로 자신에게 병이 생길 인자가 있는 것 같으면 일상에서 조심스럽게 행동하면 좋다. 아무리 하늘을 찌를 듯이 발전한 현대의학이라도 우리에게 허용된 한계는 단지 거기까지다.

Chapter 14

노력은 보상받는다는
말을 믿지 마라

앞서 잠재능력이 무한하다고 믿는 것은 환상에 지나지 않는다고 말했는데, 그럼에도 여전히 공부에 대해서만은 노력하면 반드시 보상을 받는다고 생각하는 사람들이 많다.

그 이유는 현대사회가 읽기와 쓰기에 능한 능력을 전제로 성립하고 있기 때문이다. 그렇기에 국가는 국민의 교육을 열심히 실행하지 않으면 안 된다. 적어도 의무교육 단계에서 국민의 지적 수준을 높이고자 국민 모두에게 열심히 공부하라고 권장한다. 그런 정책을 원활히 진행하기 위해 누구라도 노력하면할 수 있다는 말을 만들어낸 게 아닐까?

그런데 누구라도 열심히 노력만 하면 어떤 일도 이룰 수 있다는 이데올로기가 성립하려면 지적인 잠재능력이 모두에게 균등하게 배분되어야 한다.

당연히 이런 전제는 환상임에도 불구하고 왠지 내 아이에게는 그렇지 않을 거라고 믿는 부모들이 많은 듯하다. 내 아이가 유명한 운동선수가 되지는 못할지라도 공부에 매달리면 명문 대학에 들어갈지 모른다고 생각하는 부모들이 많다는 얘기다.

발군의 운동 능력이 있는 아이라면 별개지만, 대부분의 부모들은 스포츠에 다소 재주가 있어도 공부를 못하는 아이보다 스포츠에 도통 재주가 없더라도 공부를 잘하는 쪽을 원한다.

특수한 재능을 가지고 있는 사람은 별개로 하고, 현대사회에서 수입은 지적인 능력과 연결된다. 부모는 그것을 잘 알기에 필사적으로 '공부, 공부!'라고 외치는 것이다.

심지어 어떤 부모는 아이가 그렇게 재촉을 해도 성적이 오르지 않으면 교사의 가르치는 방법이 틀렸다고 말하기도 한다. 우리 아이가 공부를 못하는 것은 교사의 교육 방법 탓이지 아이의 능력에 문제가 있다고는 생각하지 않는다.

그런데 앞서 말했듯이 능력은 적합이나 부적합의 문제로, 공부 또한 같은 얘기다. 운동을 못하는 아이에 대해서는 운동신경이 없다는 사실을 선뜻 납득하는데, 공부에 관해서만은 재능이 없다는 사실을 좀처럼 인정하지 않는다. 따라서 공부를 못하는 것은 단순히 노력이 부족하다, 공부 방법이 잘못되었다 등의 결론에 이르게 되고 만다.

그런 노력에 관한 신앙이 침투되어 있는 사회에서는 '우리 아들딸에게 공부 능력이 결여되어 있다'는 진실을 깨닫고 완전히 포기하기까지 시간이 많이 걸린다.

현실에서 공부 재능이 있는지 없는지에 대해서는 주위 사람들이 보면 곧바로 알 수 있다. 부모나 교사가 말하지 않아도 집중해서 공부하는 아이는 재능이 있다고 할 수 있다. 강제적으로 시키지 않아도 공부에 집중할 수 있다는 것은 본인이 그만큼 즐기고 있다는 뜻이다.

아무리 생각해도 이해할 수 없는 것을 집중해서 노력할 리 없다. 하지만 공부를 계속하는 아이는 이해할 능력이 있기 때문에 집중할 수 있고, 거기에 재미를 붙여서 더 많은 시간 공부에 매달리게 된다.

어렸을 때 피아노를 조금 접한 후에 거기에 흠뻑 빠져서 떨어지려고 하지 않는 아이는 음악에 재능이 있다고 할 수 있다. 재능이 있는 아이는 하지 말라고 뜯어말려도 기어이 한다. 즐

인간은 원래 게을러야 행복하다

겁기 때문이다. 공부도 마찬가지다.

예를 들어 바둑기사 중에 어려서 다른 분야에 진출하고 싶었지만 이를 악물고 참아가며 노력해서 마침내 프로 바둑기사가 되었다고 말하는 사람은 하나도 없을 것이다.

어느 프로기사는 어렸을 때 아버지가 아들들이 얼굴만 맞대면 싸움질을 하는 걸 보고, 어느 날 바둑판을 사 가지고 와서 이렇게 말했다고 한다.

"너희들! 그렇게 얼굴만 맞대면 싸우기만 하는데, 이제 그만 싸우고 바둑판 위에서 승부를 내봐!"

이것이 바둑을 접하게 된 계기였다고 한다. 당시 아버지는 바둑을 전혀 모르는 분이었는데 바둑책으로 하나하나 공부해서 규칙을 알려주었다고 한다.

그러자 어느 순간부터 두 아들이 바둑에 푹 빠져서 매일같이 여기에 빠져 지냈다. 그들은 서로를 이기기 위해 열심히 준비하다 보니 점차 실력이 늘었고, 그런 과정 끝에 동생은 프로기사의 길로 접어들게 되었다고 한다.

아버지가 바둑판을 사다주지 않았다면 바둑기사가 되지 못했을 거라는 얘기인데, 이보다 더 중요한 것이 있다. 어릴 때부터 다른 놀이는 거들떠보지 않고 오로지 바둑에만 열중할 수 있었던 것은 그에게 그 방면에 재능이 있었기 때문이라는 사실이다.

같은 맥락에서 공부에 재능이 있는 사람은 경쟁률이 높은 학과에 들어가고, 그 연장선상에서 직업을 선택하는 경우가 많다. 하지만 수험공부 이외의 것에 대해서는 과연 '내가 어떤 재능이 있을까?'라고 생각할 정도로 상식이 결여되어 있다.

이과 분야의 성적이 특히 뛰어나서 의과대학에 들어가 결국 의사가 된 사람들 중에는 특별히 의학에 관심이 있어서라기보다 의사가 되면 돈을 많이 벌 수 있다는 이유 때문에 선택한 사람도 적지 않다. 더구나 의학 이외에 더 좋은 재능이 있음에도 의사라는 직업을 선택한 사람도 많을 것이다.

2012년에 노벨생리학상을 수상한 야마나카 신야山中伸 박사는 처음에는 성형외과를 목표로 공부했는데 20분이면 충분한 수술을 2시간에 걸쳐 집도할 정도로 재능이 보이지 않았다고 한다. 그 때문에 생리학으로 진로를 바꿨는데 노벨상을 받은 걸 보니 매우 현명한 선택이 아니었나 싶다.

손재주가 좋고 목숨이 경각에 달린 환자들을 구하는 일을 좋아한다면, 그는 외과의사로서 재능을 타고났다고 할 수 있다. 의사가 되어서는 특별한 경우를 제외하고는 수학을 사용하는 것도 아니기에 수학을 못해도 의사라는 직업은 적합하다고 할 수 있지만, 현실에서는 수학을 할 수 없으면 절대 의과대학에 들어갈 수 없다는 것이 함정이다.

목표하는 대학에 들어가려고 재수, 삼수를 해가며 공부하는 사람들이 있는데 그렇게까지 해서도 합격하지 못했다면 재능이 없기 때문이라고 생각하고 얼른 포기하는 편이 낫다.

'좋아하는 일'이야말로 재능으로부터 이어지는 게 분명한데, 좋아는 해도 재능이 없는 사람 또한 존재하기 마련이므로 우선은 자신의 재능을 세밀히 파악해두는 게 현명하다.

최근 대기업 입사면접에서는 커뮤니케이션 능력이 어떤지가 평가의 중요한 포인트가 되었다고 한다. 이런 소식을 들을 때마다 나는 고개를 갸웃거린다. 사회가 계속 이런 풍조를 강요하면 실력은 뛰어나도 커뮤니케이션 능력이 낮은 사람들이 성공의 기회를 잡지 못할 게 아닌가?

과거에는 굳이 언어 표현을 하지 않아도 할 수 있는 일들이 아주 많았다. 각 분야의 장인匠人들이 특히 그러했다. 가령 말주변이 없고 타인과의 커뮤니케이션 능력이 떨어지더라도 집을 만드는 솜씨가 제일이라는 소리를 듣는 사람들이 있었다.

오늘날로 치면 자폐증이나 아스퍼거스 증후군 같은 질병에 발목 잡힌 사람도, 그때는 자기 능력을 발휘할 수 있는 기회가 주어져서 인간답게 제대로 생활할 수 있었던 것이다.

그런 의미에서 보면 시험 성적과 커뮤니케이션 능력만을 최우선으로 평가하는 사회는 상당히 일그러진 사회라고 할 수 있다. 다양성이 중요하다고 말하면서도 사회에 적응할 수 있는 능력의 범위는 점점 좁아져만 간다. 이런 현실에 적응하기가 조금 힘들더라도, 아무리 노력해도 100퍼센트 보상받을 수 있는 것은 아니라는 사실을 깨닫고 자신에게 맞는 삶을 찾는 길밖에 없다.

Chapter 15

올바르게 산다는 것은
무슨 뜻일까?

예전에 《올바르게 산다는 것은 무슨 뜻일까正しく生きるとはどういうこ とか》라는 책을 출간한 적이 있다. 여기서 말하는 '올바름'이란 자연과학적인 측면이 아니라 사람들끼리 사이좋게 살아가는 원칙 같은 것으로 생각하면 된다.

이 세상에 무엇이 올바르고 무엇이 틀린지를 정하는 절대적 인 기준이나 근거는 없다. 예를 들어 당신이 어떤 일에 대해 절 대적으로 옳다고 생각한다고 치자. 그런데 그렇게 생각하는 것 은 당신 한 사람뿐이고, 다른 사람들은 모두 그렇게 생각하는 것을 올바르지 않다고 생각할 수도 있다. 이럴 때 당신은 다른

이들의 생각이 잘못되었다고 말할 수 있을까?

우리는 언제 올바르다고 생각하고, 언제 올바르지 않다고 생각할까? 모든 사람들은 저마다 자기만의 삶의 규범을 가지고 있다. 그런데 저마다 자신이 정한 규범의 정당성만을 주장하면 사회는 극도로 혼란에 빠지게 될 것이다.

가령 이슬람 원리주의자들은 세계 도처에서 이교도들을 아무렇지도 않게 죽이면서도 죄책감은커녕 오히려 자랑스럽게 생각한다. 이에 맞서는 미국은 또 어떤가? 그들은 정의라는 이름으로 온갖 첨단무기를 총동원해서 무고한 이슬람 사람들을 죽이고 있다.

전쟁에서 사람을 죽여도 죄를 묻지 않는 것은 그렇게 하지 않으면 자기 자신이 죽임을 당할 수 있다는 대칭성 때문일 것이다. 그렇다면 대칭성만 유지되면 무슨 짓을 해도 올바른 일일까? 사회가 살인을 허용하지 않는 이유는, 자유로운 사회에서 그런 일이 횡행하면 누구도 안심하고 살 수 없기 때문이다.

지극히 개인주의자인 내가 생각하는 올바름이란 타인의 '자기 마음대로 살아갈 자유'를 침해하지 않는 것이다. 자신의 욕망에 최고 가치를 두고 법을 어기더라도 편하게 사는 게 최선이라고 말한다면 그 사람에게는 그렇게 사는 게 좋다고 말할

인간은 원래 게을러야 행복하다

수 있지만, 전제가 있다. 그렇게 삶으로써 다른 사람들이 자유롭게 살 권리를 함부로 침해한다면, 그것은 결코 올바른 삶이 아니라는 점이다.

사람에게는 타인을 우습게 볼 권리도, 타인을 사랑할 권리도 있지만 타인으로부터 우습게 보일 이유나 타인으로부터 무조건 사랑받을 권리는 없다. 즉, 타인의 행동을 자신의 컨트롤 아래 둘 권리는 누구도 갖고 있지 않다는 얘기다.

내가 생각하는 올바른 삶의 방식이란 자기 자신을 '어디에도 없는 인간'이 아니라 '대체될 수도 있는 인간'에 지나지 않는다는 사실을 인정함과 동시에 다른 사람의 권리를 침해하지 않는 한 무엇을 해도 좋다는 식으로 타인의 자유를 인정하는 것이다.

죽임을 당한 사람은 아무것도 할 수 없게 되기 때문에 살인은 상대방의 자의성의 권리를 결정적으로 침해하는 행위가 된다. 따라서 법률은 이러한 행위만을 금지하기 위해 존재해야 할 뿐, 쓸데없는 참견을 해서는 안 된다.

예를 들어, 나는 자동차를 타면서 안전벨트를 착용하라는 것은 너무 지나친 참견이라고 생각한다. 안전벨트를 착용하지 않아서 사고를 당해 죽는 것도 그의 선택이기 때문이다. 따라서 이런 문제는 운전자의 상식에 맡겨야 한다는 게 내 생각이다.

음주운전은 어떨까? 이런 행위는 자신뿐 아니라 자칫 타인을 살상하는 최악의 상황을 부를 수도 있으니 단호하게 처단해야 한다. 이렇듯이 법률은 사람을 죽여서는 안 된다거나 남의 재산을 함부로 빼앗아서는 안 된다는, 타인의 자의성의 권리를 침해하는 행위를 금지하는 것으로 충분하지 않을까?

법률은 '……해서는 안 된다'라고 강한 명령형으로 되어 있고, 도덕은 '……합시다'라고 권장의 형식을 취한다. 곤란한 상황에 처한 사람이나 노약자에게 친절하게 대하자고 말하는데, 본인이 그렇게 생각한다면 그렇게 하면 될 뿐 타인에게 강제로 시킬 일은 아니다. 그것을 따르는 게 즐거우면 따르면 되는 것이고, 마음에 들지 않으면 그만두면 된다.

학교나 사회의 여러 결정들에 대해서도 그것을 따를지 말지 정하는 것은 그 사람의 자유다. 타인의 자의성의 권리를 침해하지 않는 한, 그가 무엇을 하더라도 자유이다.

나는 지금 비도덕적인 행위를 권장하는 게 아니다. 반윤리적인 행위를 옹호하자는 것은 더욱 아니다. 단지 당신이 도덕을 지키면서 살아가는 것은 자유지만 그렇지 않은 사람을 비난하는 것은 잘못된 일이라고 말하고 싶을 뿐이다.

인간은 원래 게을러야 행복하다

Chapter 16

인간은 부자유를
사랑하는 생물이다

모두가 '자유'를 원한다고 생각하지만, 인간은 원래 자유를 갈망하면서도 동시에 '부자유'도 원하는 이상한 생물이다. 예를 들어 사람들은 모든 것이 자유로운 환경에 놓인 다음에 다음과 같은 말을 들으면 꽤나 당황한다.

"이제부터 당신은 무엇을 해도 좋습니다. 하지만 할 일을 스스로 정해야 합니다."

일반적으로 사람들은 대부분 정해진 레일 위를 달리면서 살고 있기에 무엇이든 자유롭게 해도 좋다는 말을 들으면 실제로는 무엇을 하면 좋을지 알 수 없게 된다.

사람에게 자유로움이 과도하게 주어질 경우 모든 걸 스스로 결단을 내리고 행동하지 않으면 안 된다. 그렇게 되기보다는 차라리 이미 정해진 대로 아무 생각도 하지 않고 살아가는 편이 편할 것이다.

현대사회는 스스로 판단하고 결정할 수 있는 자기결정의 기회가 보장되는 것처럼 보인다. 확실히 법률을 위반하지 않는 한도 내에서 돈만 있으면 뭐든 살 수 있는 자유가 보장된다. 하지만 과연 그것이 최선일까?

현대사회는 오히려 인간을 부자유스럽게 만드는 것을 지극히 좋아하는 사회가 아닐까? 사람을 부자유스럽게 만들고 싶어 하는 욕망이란 간단히 말해서 '권력욕'을 가리킨다.

일례로 흡연은 금연 구역을 철저히 지키며 피우는 한 기본적으로 개인의 기호 문제로 여겨진다. 그것을 '담배는 건강을 해치니 끊어야 한다'며 나라에서 흡연금지법을 만든다면 엄청난 참견이다. 담배를 피우는 사람들은 모두 담배를 피워서 설령 죽음에 이를지라도, 그건 자신의 선택이라고 생각하기 때문이다.

담배를 절대악이라고 정해서 공공기관에서 흡연구역을 점점 제거해나가는 것은 심하게 말해서 '금연 파시즘'이라고 부를 수도 있는 행위 아닐까?

지금은 전혀 피우지 않지만, 한때 엄청난 담배 애호가였던 나는 흡연에 대한 사회 전체의 과도한 압박감에 상당한 불쾌감을 느낀 적이 많았다.

아파트라든지 공공장소에서 아무 때나 담배를 피움으로써 주위에 담배연기를 내뱉는 행위는 지탄받아야 한다. 하지만 그럴 가능성이 별로 없는 장소에서 혼자 피우는 담배에까지 시시콜콜 간섭을 하는 것은 건강과 환경을 명분으로 인간의 자유를 박탈하는 게 아닐까? 나는 이렇게 권력이 함부로 규제를 가하는 일은 전혀 납득이 되지 않는 권력 행사라고 생각한다.

그런데 이렇게 사람을 부자유스럽게 하는 여러 가지 규제나 제언에 대해 현대인들은 꽤나 둔감하다. 그 이유는 현대인의 대다수가 남에게 의지하는 삶을 살고 있기 때문이다. 남에게 의지하는 것에 너무 익숙해진 나머지 권력이 나의 자유를 침해하는 일이 있어도 무감각하게 넘겨버리는 것이다. 이는 자유인으로서의 긍지를 버리고 자기 자신을 노예로 전락시키는 것과 같다.

현대인들이 사회 인프라의 문제들을 타인에게 의지하는 일도 그렇다. 자연재해가 일어나서 장시간 물도 식량도 없는 상황에 놓이면, 스스로가 얼마나 다른 사람들에게 의지하는 삶을 살아왔는지 절실히 느끼게 된다.

현대인들은 직접 우물을 파서 물을 길어 올린다거나 연료로 쓸 장작을 모으는 일, 밭을 일궈서 식량을 직접 재배하는 일, 식재료가 될 동물을 포획해오는 일 따위를 할 수가 없다. 정전이 되면 '왜 전기가 안 들어오지?', 수도가 끊기면 '왜 물이 안 나오지?' 하며 불평만을 늘어놓는 일밖에는 달리 하는 게 없다는 뜻이다.

현대사회는 말하자면 내가 떠맡아야 할 인프라의 정비를 모두 타인에게 맡김으로써 성립되어온 시스템이라고 할 수 있다. 오늘을 사는 사람들이 자유보다 부자유를 좋아하게 된 것도 이와 관계가 깊다고 생각한다.

누군가에게 우리의 생존을 위한 인프라를 전부 의존하고 그들로부터 도움을 바라는 상태는 인간이 기르는 개나 고양이와 비슷한 형편이 되는 것이다. 애완동물들은 생존의 모든 것을 주인에게 의지하고 있기에 주인이 방치하면 야생으로 돌아갈 수밖에 없다.

그러나 개나 고양이들은 야생으로 돌아가도 어떻게든 살아갈 수 있지만 이미 문명사회에 익숙해진 인간이 갑자기 야생의 상태로 돌아가서 살 수는 없는 노릇이다. 이미 대부분의 현대인들은 문명이라는 이름의 그늘에 갇혀 자유를 상실한 채 움쩍달싹할 수 없는 존재가 되어버렸기 때문이다.

왜 굳이 의미를 찾으려 하는가?
인생은 욕망이지, 의미가 아니다.

찰리 채플린 Charles Chaplin

Part 3

인생에 살아갈
의미 같은 건 없다

Chapter 17

속내를 털어놓는 게
좋을까?

교토의 어느 가게에 단골손님이 도쿄에서 온 젊은 남성을 데려왔다. 단골손님은 여주인에게 조금 번거로우시더라도 꾸밈없이 좋은 사람이니 잘 부탁한다며 그 남성을 소개했다.

여주인은 그 자리에서는 생긋생긋 웃었지만, 나중에 다른 단골손님에게 그 사람을 얘기하며 꾸밈이 없으면 인간이 아니라는 식으로 비판했다고 한다.

이런 언행은 옛날부터 교토 사람들에게는 당연한 일인지 모른다. 아주 오래전부터 근대기에 이르기까지 교토 사람들은 셀 수 없을 만큼 전란을 겪으며 죽거나, 다치거나, 도둑맞거나 하며 살아왔기 때문에 가급적이면 남에게 속내를 말하지 않는 게 생존의 지혜였다.

교토에 처음 오는 손님을 거부하는 가게들이 많은 것도 낯선 사람을 쉽게 신용하지 않는 그들의 기질이 드러나는 현상이다. 나도 한번은 어느 가게에서 그곳의 단골손님인 경제학자 사와 다카미쓰佐和隆光 씨와 만날 약속을 했는데, 그가 늦는 바람에 혼자 들어간 적이 있다.

그러자 주인이 가게에 처음 온 손님은 받지 않는다며 머리를 흔드는 것이었다. 내 모습이 추레해 보였다면 어쩔 수 없는 일이겠지만 사와 씨와 만나기로 했다고 하자 상황이 금세 변했다.

"아, 그러세요? 어서 들어오세요!"

주인의 호들갑스러운 환대를 받으며 교토는 역시 무서운 곳이라는 생각이 들었다. 꼭 이렇게까지 해야 할까? 그렇게 생각하니 마음이 영 편치 않았다.

속내를 좀처럼 말하지 않는 사람과 잘도 털어놓는 사람을 비교하자면, 후자가 더 행복할 것 같다는 생각이 든다. 다른 사람들과 마찰이나 충돌은 간혹 있을지 몰라도 마음에 담고 있는 것들을 훌훌 털어버리면 스트레스가 별로 쌓이지 않을 것이기 때문이다.

우리 대부분은 어렸을 때부터 거짓말을 하면 안 된다는 말을 들으면서 자라왔지만, 대부분의 아이들은 언젠가부터 사람은 거짓말을 하지 않고서는 살아갈 수 없다는 사실을 깨닫는다.

하지만 아무리 아이라도 본심을 말하지 않는 편이 좋을 때가 있음을 이미 알고 있기도 하다. 옆집 아저씨한테서 과자를 받아 그 자리에서 먹었는데, 당장이라도 뱉어내고 싶을 정도로 맛이 없더라도 그 자리에서 바로 맛없다고 할 수는 없는 노릇이고, 아저씨가 맛이 어떠냐고 물으면 고개를 끄덕일 수밖에 없다.

난처한 상황에 처했을 때는 속내를 말하지 않은 편이 위기를 넘기는 하나의 상식이다. 그러나 그것을 넘어서 불필요할 정도로 진심을 말하지 않으면 여러 가지 문제가 생길 것이다.

좀처럼 본심을 말하지 않는 사람들은 크게 두 가지 패턴으로 나뉜다. 타인에 대한 경계심이 강해서 좀처럼 속내를 터놓지 않는 사람, 그리고 속내를 드러내는 척하면서 거짓말을 늘어놓는 사람이다.

재미있는 사실은, 그렇게 좀처럼 본심을 말하지 않는 타입은 반대로 다른 사람들의 본심을 어떻게든 알고 싶어 하는 경향을 보인다는 것이다. 좀처럼 속을 터놓지 않는 사람은 상대방이 신용할 가치가 있는 인물인지 아닌지를 평가하기 위해 더욱 본심을 알려고 한다. 그런가 하면 사탕발림에 뛰어난 사람은 자신의 속셈이나 계략을 잘 휘두르려고 상대방의 본심을 알려고 한다.

하지만 나는 다른 사람의 본심은 그다지 알 필요가 없다고 생각한다. 중요한 약속을 어기려고 밥 먹듯이 거짓말을 해대는 거짓말쟁이라면 곤란하지만, 본심을 말하지 않아도 그다지 난처할 일이 생기지 않는다면 괜찮지 않을까?

만약 사람의 심리를 모두 투영해주는 기계가 개발된다면 편리할까? 나에게 유리한 부분만 알려주는 것만큼 기분 좋은 일도 없겠지만, 사람들의 감정이나 심리에는 타인에 대한 마이너스 요소가 반드시 포함되어 있기에 그 기계를 이용해서 상대방이 나에게 가진 악감정을 알 수 있게 되기도 할 것이다. 그로 인해 상황에 따라서는 우정에 금이 가거나 사업이 잘 굴러가지 않게 될지도 모른다.

모르는 게 약이라는 말이 있듯이 모르는 편이 좋은 것들이 세상에는 많이 있다. 사실 자신의 본심은 잘 모르는 법이다. 자신이 마음을 정확히 파악해서 모든 상황에 제때에 대처할 수 있다면, 고민이나 방황은 아예 없을 것이다.

사람은 곤란한 상황에 처하면 자신도 모르게 거짓말을 하게 된다. '거짓말도 하나의 소통 방법'이라는 말도 있는데, 이 말은 가벼운 사탕발림이나 거짓말이 커뮤니케이션의 윤활유가 된다는 뜻이다.

범죄와 관련된 거짓말은 논외지만 이야기하는 본인조차 말하는 동안 무엇이 거짓이고 무엇이 진짜인지 진실을 알 수 없게 되는 일도 있다. 하지만 대부분의 세상 돌아가는 이야기는 거짓이든 진짜든 누군가 곤란해지는 일이 아니라면 큰 문제는 아니라고 생각한다.

오히려 진실한 이야기라도 타인의 프라이버시를 폭로하는 것과 같은 진심은, 말하는 사람의 품위나 속셈이 의심되는 일이니 굳이 입을 열지 않는 편이 좋다.

Chapter 18

타인에게 피해를 입히지
말라는 말에 대하여

아이들은 부모님이나 선생님으로부터 다른 사람에게 피해를
입히지 말라는 충고를 자주 듣는다. 그렇다면 그런 아이들이
자라서 타인에게 절대 피해를 입히지 않는 훌륭한 어른이 되느
냐 하면, 꼭 그렇지만도 않다.

　사람은 누구나 어느 정도 타인의 자원을 끌어다 쓰면서 살아
가게 마련이다. 그렇기에 우리가 살아가는 행위 자체만으로 이
미 다른 사람들에게 크고 작은 피해를 입히는 것이라고 할 수
있다.

　어떻게 보면 다른 사람들에게 피해를 입히지 않는다는 것은

상대방이 자유롭게 살아갈 권리를 존중한다는 뜻이다. 예를 들어 아침 8시에 버스로 수학여행을 떠나는데 20분이나 지각한 학생이 있다고 치자.

그럴 때 대부분의 경우는 그 학생이 올 때까지 기다리게 되고, 선생님은 지각한 학생에게 모두들 기다리고 있는데 이렇게 늦게 오는 것은 남에게 피해를 주는 거라며 화를 낸다. 하지만 사실 지각한 학생이 잘못한 것이니 다른 학생들은 기다리지 말고 그냥 출발해버리면 피해받을 일이 없다.

다른 사람을 기다리게 하는 행위는 타인의 자유뿐만 아니라 시간까지 빼앗는 일이니 큰 피해를 입힌 게 된다. 이런 경우는 어른들의 세계에서도 흔하다. 단체로 해외여행을 떠났는데, 돌아오는 날 공항에 한 사람이 나타나지 않았다. 비행기는 하루에 한 편밖에 뜨지 않으니 이대로라면 오늘 귀국하지 못할 수도 있다.

사람들이 여기저기 수소문하고 공항 직원이 아무리 안내방송을 해도 그는 시간을 착각한 것인지 전혀 나타날 기미가 없다. 그렇다고 비행기가 더 이상 한 사람을 위해 출항을 미루고 기다려줄 수 없다.

이때 이미 비행기에 탑승한 채로 그 사람을 기다리고 있던 일행은 일단 비행기에서 내려 그 사람과 함께 다음 날 출발하는 비행기를 타고 돌아와야 하는 것일까? 아마 대부분은 그를 남겨둔 채, 당일 비행기 편으로 귀국할 것이다.

이럴 때 집단을 기다리게 하면 지각한 사람이 피해를 주는 일이 되지만 집단이 기다리지 않고 그냥 출발해버리면 당사자는 어떻게 될지라도 모두에게 피해를 입히는 일은 되지 않는다.

지각한 사람을 기다리는 게 아니라 원래 시간대로 출발하는 게 당연하다고 생각하는 집단이 제대로 출발한다면 그 사람의 지각으로 인한 피해는 없다는 말이다. 달리 말해서 반드시 전원이 모여야만 출발한다는 규칙이 있을 때만 지각이 피해가 되는 것이다.

예를 들어, 누군가 입학시험에 지각을 해도 아무도 피해를 입었다고 말하지 않는다. 그 한 사람 때문에 시험시간을 늦추는 일 따위는 없기 때문이다.

정말로 피해를 입히는 행위란 모두가 승차하려는 버스를 가로막고 창문을 부수거나 버스에 불을 지르거나 하는 행위들이다. 이것은 범죄에 가깝지만 아무튼 피해는 피해다.

선로에 뛰어들어 자살하는 행위도 엄청 큰 피해일 것이다. 내가 출퇴근할 때 타는 전철은 이런 일 때문에 자주 멈춘다. 자살은 하지 않는 편이 당연히 좋겠지만 어쩔 수 없다면 집에서 조용히 혼자 삶을 마무리하기를 바랄 뿐이다.

동네 반상회를 하면서 '이번에 마을 운동회를 하는데, 사람이 부족해서 곤란하니 제발 좀 나와 달라'는 부탁을 받을 때가 있다. 이때 누군가 번쩍 손을 들고 '곤란한 건 당신들 사정이니 나는 나가지 않겠다'고 말하면 동네사람들은 그에게 마을의 평화를 깨고 피해를 입히는 사람이라고 생각할지 모른다.

많은 사람들이 비교적 자주 입는 피해 가운데 하나가 경제적인 문제다. 예를 들어 정부가 망해가는 은행에 세금을 투입해서 부도를 막으려는 정책은 국민들에게 피해를 전가시키는 행위다.

대기업 총수 중에는 몇억 엔의 연봉을 받는 사람이 있는데, 이런 CEO가 있다는 것은 사원들에게 큰 피해를 입히는 일이다. 가령 닛산자동차의 전 CEO 카를로스 곤Carlos Ghosn 씨는 무려 10억 엔의 연봉을 받았다. 닛산의 직원이 약 2만 4000명이니 그의 보수를 1억 엔으로 하고 나머지를 전체 직원들에게 나눠주면 한 사람당 3만 7500엔씩 돌아간다.

도요타자동차에 근무하는 모든 임원의 연봉 합계보다 카를로스 곤 씨 한 사람이 더 많이 받는 것은 그에 대한 대우나 그 사람의 욕심이 조금 지나친 게 아닐까? 나는 그런 생각 때문에 닛산자동차의 차는 절대로 사고 싶지 않다.

이처럼 딱 봐서는 알기 어려운 피해라도 어떤 사람이든 살아 있는 한 여러 가지 형태로 반드시 피해를 끼치게 될 수밖에 없다. 파악하기 어려운 피해는 공기와도 같은 존재이기 때문에 죽을 때까지 알아보지 못하는 경우도 있을 것이다.

그런데 금연운동처럼 본인은 좋은 일을 하고 있다고 생각하지만 의외로 큰 민폐가 될 수도 있다. 앞서도 말했지만, 금연은 전적으로 자기 의사에 따라서 결정할 일인데, 이를 두고 사회운동 차원에서 금연을 외치며 흡연자들을 죄악시하는 것은 아무래도 문제가 있다고 생각한다. '다른 사람에게 피해를 입히지 말라'며 큰 소리를 질러대는 사람이야말로 사실은 주변에 가장 피해를 많이 끼치는 사람이지 않을까?

Chapter 19

당신은 누구의 모습을
의태하고 싶은가?

곤충의 세계에는 다른 곤충의 특별한 색깔이나 모양, 행동을
그대로 흉내 내는 녀석들이 있고, 주변 사물과 똑같게 보이려
는 곤충들도 많다. 낙엽을 닮은 '가랑잎나비'가 유명한 예로, 이
녀석은 낙엽에 착 달라붙어 있으면 웬만해서는 도저히 분간할
수 없다.

이런 곤충들의 행태를 '의태擬態'라고 부른다. 우리는 초등학
교 시절에 의태어에 대해 사람이나 사물의 모양 또는 움직임
따위를 흉내 내어 만든 말이라고 배웠다.

곤충의 세계에서 흔하게 발견할 수 있는 의태는 독이 없는

곤충이 새와 같은 천적에게 잡아 먹히지 않으려고 독이 있는 곤충을 흉내 내는 것이다.

벌은 독이 있는 곤충의 대표선수다. 그래서 벌로 의태하려는 곤충이 무척 많은데, 유리나방이나 청줄하늘소 중에는 말벌과 똑같이 생긴 녀석들이 엄청 많다. 그런 식으로 다른 동물의 공격에 대항하려는 것이다.

그 밖에도 보호색을 써서 언뜻 봐서는 풀인지 곤충인지 구별이 잘 안 되는 곤충이 있는가 하면, 외부로부터 갑작스러운 자극을 받고 재빨리 죽은 척하는 곤충도 있다.

'난초사마귀'라고 불리는 사마귀목 애기사마귀과의 곤충이 있다. 말레이시아, 인도네시아 같은 열대우림지역에 분포하는 이 녀석은 한마디로 난초를 닮은 사마귀로서 몸체가 분홍빛으로 매우 아름답기 때문에 웬만해서는 구별하기가 힘들다. 이 녀석은 꽃 위에서 가만히 포획물을 기다리고 있다가 순식간에 먹잇감을 덮친다.

사실 '의태'는 야생의 생물세계에서만 나타나는 행동은 아니다. 인간에게도 의태라고 이름 붙여도 될 만한 행위들이 있다. 게다가 인간의 의태 행위의 범위와 다양성은 다른 어떤 생물들과 비교해도 절대 뒤지지 않는다.

예를 들어 나약한 사람이라도 폭력배와 같은 옷차림을 하고 다니면 '나는 무서운 인간이다!'라는 듯이 위협적으로 보이게 된다. 이 같은 모습은 독이 없는 곤충이 독이 있는 곤충을 흉내 내는 의태의 카테고리 안에 들어간다고 말할 수 있다.

보이스피싱을 벌이는 사람들의 사기 수법도 일종의 의태라고 할 수 있다. 그들은 은행원이나 세무공무원같이 신뢰할 만한 사람으로 가장해서 순진한 사람들의 돈을 빼앗으려고 한다.

방문판매나 전화사기 같은 수법으로 외로운 노인에게 다가가 친자식처럼 따뜻하게 대하다가 한순간에 사기를 치고 달아나는 사람들은 의태 중에서도 가장 악랄한 행위라고 할 수 있다.

양복을 입고 넥타이를 맨 사람은 자신이 회사원이라는 메시지를 발신한다고 할 수 있다. 고등학생처럼 교복을 입고 있으면 자신은 고등학생이라는 메시지가 발신되고, 이것은 간호사나 스튜어디스도 마찬가지다.

이렇듯이 제복은 다른 사람들에게 신속하게 자신의 신분을 알리는데 효과적인데, 이런 행동도 의태의 일종이라고 할 수 있다. 비슷한 외견을 가진 사람을 보면 같은 성질을 가졌을 것이라고 생각하는 인간사회의 법칙을 작은 곤충들이 깨치고 있다는 사실이 너무 신기하지 않은가.

의태에도 여러 가지가 있다. 선생도 아닌데 선생처럼 행동한다면 곤충의 의태와 같은 거짓 행동이고, 이제 막 선생이 된 사람이 경력 많은 선생처럼 행동하는 것도 의태의 일종이라고 볼 수 있다.

직업적 역할뿐만 아니라 부모라는 역할 행동도 이상적인 모델이 있어 그것을 의태하는 경우가 있고, 남자나 여자의 행동도 남자다움이나 여자다움의 모델이 있어 그것을 의태하는 경우도 많다. 이들이 바로 우리가 롤모델이라 부르는 사람들이다.

장례식 때 운동복 차림을 하고 문상을 오는 사람은 없듯이, 결혼식에 상복을 입고 오는 사람은 없다. 어디까지나 장례식과 결혼식에는 거기에 맞도록 정해진 복장과 격식을 차려야 한다. 슬프지 않더라도, 즐겁지 않더라도, 그 자리에 맞는 복장을 하는 것 또한 하나의 의태라고 할 수 있다.

인간은 이렇게 의식하지 않더라도 여러 형태의 의태를 사용하며 생활하게 마련인데, 우리 중에도 의태를 잘하는 사람과 못하는 사람이 있다. 의태를 잘하는 사람은 당연히 못하는 사람보다 세상일을 잘한다고 볼 수 있다.

성실하게 보이는 세일즈맨이나 박식해 보이는 평론가, 믿음직한 변호사……. 그들이 실제보다 더 훌륭하게 보이고 사람들의 신뢰를 받는 이유는 하나같이 의태가 뛰어나기 때문으로, 결국 의태란 그 사람을 더 뛰어나게 보이게 하는 기술이라고 할 수 있다.

의태가 서툴면 가끔 심각한 일이 벌어진다. 자수성가로 큰 사업을 이끌어온 사람이 은퇴한 뒤에 실버타운에 들어갔는데, 경영자 시절의 버릇대로 모든 사람을 부하직원 다루듯이 안하무인으로 행동하면 따돌림을 받는다. 노년에 실버타운에서 살려면 다른 방법의 의태가 있다는 사실을 몰랐던 것이다.

세상을 살아가는 사람은 TPO Time, Place, Occasion에 맞춰서 적절하게 의태를 할 수 있어야 한다. 시간, 장소, 상황에 맞게 처신하지 않으면 눈치 없는 인간으로 낙인찍혀 외롭고 고단한 인생을 살아갈 수밖에 없을 것이다.

의태와 위장偽裝은 다르다. 위장은 남을 속이려고 본래의 태도나 모습이 드러나지 않게 가리거나 꾸미는 것이지만 의태는 세상을 지혜롭게 살아가는 처세의 기술이라고 할 수 있다. 당신은 누구의 모습을 의태하고 싶은가?

인간은 원래 게을러야 행복하다

Chapter 20

남자에게 정말로
필요한 것은

여자는 남자보다 강하다는 말을 자주 듣는다. 이때의 '강함'은 정신적인 면에서 그렇다는 얘기일 것이다. 전쟁이 일어났을 때의 강함과 생활할 때의 강함은 다르고, 육체적인 강함과 정신적인 강함은 다르다. 어떤 점이 강하고, 어떤 점이 약한지는 상황에 따라 달라진다는 얘기다.

힘을 가해도 변형되지 않는 물체를 '강체剛體'라고 부른다. 이것의 특징은 어느 일정한 힘에 대해서는 강하게 버티지만, 어느 수준이 지나면 뚝 부러져버린다는 데 있다. 반면에 고무 같은 수지樹脂는 조금 힘을 주면 흐물거리긴 하지만 고체처럼 부러지는 일은 없다.

쇠파이프로 사람의 머리를 때리면 죽을 수도 있지만 고무막대기로는 간단히 죽일 수 없다. 그러나 쇠파이프는 그런 파괴력을 가졌어도 다른 강체를 이용해서 엄청난 힘으로 내리치면 단번에 부러지고 만다.

이처럼 강함과 약함은 한 번에 정의를 내리기 어렵다. 강체의 강함이 부러지기 쉬움과 하나인 것처럼 강해 보이는 사람에게는 의외로 약한 부분이 있다고 할 수 있다.

강철 같은 정신을 지니고 있는 사람이라도 작은 일로 인해 마음이 뚝 부러져버리는 경우가 많고, 반대로 평소에 나약해 보이는 사람이 엄청난 역경을 견디고 일어서기도 한다.

그런가 하면 굳은 신념으로 험난한 역경을 돌파해온 사람이 마지막 순간 그 신념을 달성하지 못했을 때 갑자기 무너지는 경우도 있다. 그런가 하면 우유부단한 사람일수록 곤란한 상황에서 매우 뛰어난 끈기를 보이는 경우도 있다.

환경이 변하기 쉬운 시대에는 상황에 잘 대처하면서 재빨리 적응할 수 있는 것이야말로 가장 뛰어난 능력이다. 따라서 강체 같은 강함보다는 유연하고 부드러운 강함이 필요하다.

순풍에 돛을 단 듯이 잘나가던 사람이 갑자기 나락의 늪에 떨어졌을 때도 남성과 여성 사이의 역경에 대한 적응력이 다르다. 개인차는 있겠지만, 남성보다는 여성이 환경에 적응해서 살아가는 능력이 뛰어나다.

세계적인 자살률의 비율을 봐도 압도적으로 남성이 높다. 남성들은 사회적 책임이 크고, 거기에 정신적인 부담까지 짊어지고 있기 때문인데 여성들에 비해 정신적인 유연성이 결여돼 있는 것도 큰 이유라고 할 수 있다.

남성은 관념적인 생물이기에 이렇다 저렇다 하며 자꾸만 구실을 만들어내고, 그것이 사실인 것처럼 착각하는 경우가 많다. 그렇게 하면 환경의 격변이나 돌발적인 상황이 발생했을 때 유연하게 대응할 수 없어 당황하거나 최악의 경우에는 자살을 하고 마는 것이다. 어쩔 수 없다며 포기하고 새로운 환경이나 상황에 유연하게 순응해가는 능력은 모두 여성이 낫다.

남성의 약함과 여성의 유연한 강함을 가장 잘 알 수 있는 것은 오랜 부부생활을 하다가 한쪽이 죽은 후의 삶을 보면 알 수 있다. 아내가 죽고 난 다음에 남편은 자신이 생각한 것 이상으로 아내에게 의존하고 살았다는 사실을 깨닫고 깊은 상실감에 빠지는 경우가 많다.

평론가 에토 준江藤淳도 아내가 죽은 다음에 상실감을 이기지 못하고 뒤따라 자살했는데, 이와 비슷한 남성들의 이야기를 가끔 듣게 된다. 동반자를 잃은 다음에 남성은 병에 걸리거나 남은 삶이 부쩍 짧아진다고 한다. 미우니 고우니 하며 살았지만, 속으로는 아내에 대한 의존도가 매우 높았다는 뜻이다.

그러나 여성은 남성과 비교했을 때 여명이 그다지 줄지 않는다고 한다. 아내는 남편이 죽어도 남성처럼 망연자실해서 생활을 포기하는 일은 없다. 곧바로 정신을 차리고 일을 찾아서 몰두하거나 친구와 즐거운 시간을 보내거나 하면서 남은 인생을 살아간다.

과거에는 남녀의 뇌 구조가 다소 차이가 있을 거라고 생각했지만, 최근 연구에 의하면 남녀 사이의 구조적 차이는 거의 없다고 한다. 남녀의 생각 습관법이나 행동 패턴이 다른 것은 그저 뇌의 사용법이 다르기 때문이라고 볼 수 있다.

요리를 만들며 휴대전화로 이야기를 하거나 텔레비전을 보며 아이를 돌보거나, 그렇게 동시에 여러 가지 일을 할 수 있는 재능도 여자 쪽이 훨씬 뛰어나다. 이 또한 뇌의 사용법이 다르기 때문이다.

남자가 여유롭고 부드러운 강함을 익히기 위해서는 어떻게 하면 좋을까? 여성의 생각 습관과 행동 패턴을 흉내 내면서 억

눌러 있는 감정을 다소 해방시킨다면 여성과 가까운 강함을 보일지 모른다.

남성이 여성보다 감정을 덜 보여주는 것은 뇌 사용법의 차이와 문화적 억압 때문일 수 있다. 예를 들어 남자는 어려서부터 사람들 앞에서 울지 말라는 교육을 받는데, 그래서 힘들어도 좀처럼 사람들 앞에서 눈물을 흘리지 않는다.

하지만 울고 싶을 때는 엉엉 우는 편이 감정 정리를 할 수 있어서 마음이 상쾌해지고, 그렇게 감정 정리를 하고 나면 슬픔에 질질 끌리지 않고 다음 행동으로 옮길 수 있다.

유아들을 보면 그것을 알 수 있다. 당장이라도 숨이 넘어갈 듯이 소리 내어 울다가도 곧바로 아무 일도 없었던 것처럼 다른 일을 한다. 아이들은 즐거우면 즐거운 대로 웃다가 뭔가 뜻대로 안 되면 금방 화를 내거나 울며 감정을 마음껏 표출한다. 그렇기 때문에 감정 정리가 끝나면 스위치가 딸깍 하고 바뀌듯이 새로운 행동으로 옮겨갈 수 있는 것이다.

오늘부터 당장 이런 저런 구실로 머릿속을 가득 채우지 말고 조금이라도 솔직하게 감정을 표출해보자. 안으로 감정을 담아내지 말고 허공을 향해 마음껏 발산하자. 그렇게 할 수 있다면 남자도 더 부드러운 강함을 익힐 수 있을 것이다.

Chapter 21

인생에 살아갈
의미 따위는 없다

우리는 누구나 의미 있는 인생을 살고 싶다고 생각한다. 요즘 젊은 직장인들 중에는 상사가 무슨 일을 시키면, '이 일에 어떤 의미가 있습니까?'라고 물어보는 사람들이 많다고 한다.

자신이 해야 할 일 하나하나에 뭔가 의미를 부여하려는 것도 일종의 병이 아닐까? 가령 세계적인 과학자가 현대인들의 삶에 편익을 주려는 목적으로 대형 프로젝트를 진행하고 있다면 거기에 커다란 의미를 부여할 수 있을 것이다.

정치인들은 선거 때마다 정치인으로서의 자신의 존재 의미를 웅변하지만, 그들에게 정말로 대단한 의미가 있다고 믿는 사람은 거의 없다. 그들은 그게 자기들의 살아가는 방식이니 그렇다 치고, 그냥 평범하게 살아가는 우리가 하루하루의 일상에서 의미를 찾고 가치를 부여하려 든다는 것은 말도 안 되게 피곤한 일이다.

냉정히 말해서, 생물학적인 면에서 볼 때 인생을 살아가는 데 무슨 의미 따위는 전혀 없다. 살면서 '나는 이제 죽어도 한이 없다!'고 생각할 수 있는 순간이 한 번이라도 있으면 그 인생은 그것으로 충분히 행복하지 않을까?

그럼에도 많은 사람들이 좀처럼 그렇게 생각하지 않고 더 중요한 무엇을 찾고 있다. 어떤 사람은 자신이 이 땅에 온 소명이 반드시 있을 거라며 평생을 바쳐 찾으려고 한다. 나는 그런 사람을 볼 때마다 모리스 메테를링크Maurice Maeterlinck의 동화《파랑새The Blue Bird》가 생각난다.

사람은 태어나고, 성장하고, 아이를 낳고, 그리고 늙어 죽는다. 생물이란 모두 그런 존재에 지나지 않는데, 우리는 어떻게든 삶에서 의미를 찾아내고 싶어 한다.

나는 인생에서 지나치게 의미를 찾으려는 사람은 어쩌면 그리 행복한 삶이 아닐 거라고 생각한다. 인생의 대부분은 기쁨보다 슬픔의 시간이 많은 법인데, 슬플 때 인생의 의미를 생각하면 필연적으로 우울증에 빠질 게 당연하다. 큰 의미를 생각하지 않고 살아가는 사람이 하나하나의 의미를 따지는 사람보다 분명 마음이 편할 거라는 얘기다.

곤충의 세계를 보면 살아 있다는 것에 특별한 의미를 지니지 않는다는 사실을 알 수 있다. 가령 울음소리가 기름이 끓는 것같이 시끄럽다고 해서 유지매미라는 이름이 붙은 녀석은 7년이나 어두운 땅 속에 있다가 지상에 나와 보름 정도만 살다가 죽는다.

"매미의 일생은 허무 그 자체네요. 그런 삶에 무슨 재미가 있을까요?"

이런 말을 하는 사람도 있는데, 사실은 매미에게 삶의 의미 따위는 없다. 미국에는 7년은 고사하고 17년이나 땅 속에 있다가 지상으로 나오는 매미도 있다.

매미들은 번데기가 변태할 때는 거의 모든 녀석들이 한꺼번에 대량으로 출몰해서 다 같이 합창으로 울어대는 통에 정말 엄청난 소음공해를 일으킨다. 매미들이 자기들의 짧은 생애를 아쉬워해서 운다는 우스갯소리도 있지만, 그 엄청난 소음 때문에 매미가 나올 때쯤에는 아예 다른 곳으로 피난을 떠나는 사람도 있을 정도다.

어두운 땅 속에서 오랜 기간 있다가 마침내 지상에 나와 광명을 찾았다고 생각하는 순간 죽고 말다니, 그런 삶은 확실히 부조리하다는 기분이 들겠지만 매미는 지상으로 나와서 알을 낳으면 그것으로 생물로서의 역할은 끝나는 것이고, 그게 그들의 운명이니 어쩔 수 없는 일이다. 예전에 나를 취재하러 온 사람이 이렇게 물었다.

"우리 인간이 곤충들에게 배울 점은 무엇인가요?"

그때 내 대답은 이것이었다.

"별로 없어요!"

곤충은 그냥 미물에 지나지 않는다. 예전에 숲에서 사마귀가 나비의 유충을 잡아먹는 걸 본 적이 있는데, 옆에 있던 다른 유충들은 무자비하게 잡아먹히고 있는 동료를 전혀 신경 쓰지 않은 채 열심히 잎사귀만 갉아먹고 있었다.

그렇게 의미라고 말할 만한 게 아무것도 없이, 비정하다는 말조차 비집고 들어갈 틈이 없는 것이 정말로 대단하다면 대단한 점이라고 할 수 있을 것이다.

인간의 경우 '단지 살아 있는 것만으로도 행복하다'고 깨달을 수 있는 사람은 오랜 세월 수행을 쌓은 종교인 정도이고, 일반적인 사람들은 큰 병에 걸려 내일을 알 수 없는 몸이 되지 않는 이상 단지 살아 있는 것만으로 만족한다는 생각은 좀처럼 하지 않는다.

인간은 번뇌덩어리여서 곤충처럼 살아갈 수 없다. 하지만 번뇌가 있다면 즐거움이 있고, 슬픔의 시간이 지나면 기쁨의 시간이 온다. 그렇다는 것은 인생에는 살아갈 의미가 없더라도 분명 즐거운 일들은 많다는 뜻이다. 인생은 그것만으로 충분하지 않을까?

Chapter 22

굳이 착한 사람이
될 필요는 없다

우리 주변에는 예의가 바르고 주변의 부탁을 거절하지 않는, 이른바 '착한 사람'들이 많이 있다. 혹시 당신이 그런 사람은 아닌가? 최근에 이렇게 착하고 좋은 사람들이 늘고 있는 추세라고 한다.

이유를 곰곰이 생각해보니, 이런저런 스트레스가 쌓이는 현대사회에서는 조금이라도 현실에 얽매이지 않으려는 사람들이 증가하는 것 같다. 현실에 얽매여 살면 스트레스가 장난이 아닌데, 그 모든 것을 초월해서 마음 편하게 살려는 사람들이 늘어나는 것이다.

내 주변에 이런 사람은 별로 없고, 나 자신 또한 결코 착한 사람이 아니기 때문에 애써 착한 사람이 되려는 사람들의 마음을 전혀 이해하지 못하겠다.

착한 사람하고는 꽤 거리가 먼 경우들을 보면 모두 자신이 좋아하는 일만 하고 싶어 하는 경향이 있는 것 같다. 그럼에도 불구하고 그들이 딱히 다른 사람들에게 미움을 받고 있는 것 같지도 않다.

착한 사람이 늘고 있다면 세상도 한결 좋아져야 하는데 현실은 그리 단순하지 않다. 따라서 흔히 말하는 착한 사람은 자신의 규범에 따르기보다 다른 사람들이 어떻게 생각하고 있는지를 신경 쓰는 사람이라고 할 수 있다.

착한 사람이나 친절한 사람이라는 말이 듣고 싶어지면 대개 타인의 눈높이에 맞춘 행동을 하게 된다. 자신만의 규범에 따라 행동하고, 그것을 본 주변이 착한 사람으로 인정해주면 그것으로 행복해지는 것이다.

하지만 사람들에게 인정받고자 무리해서 착한 사람을 연기한다면 점점 스트레스만 쌓일 뿐이다. 그렇게 되면 착한 사람을 그만두고 싶어도 주위 사람들이 나를 어떻게 생각할지 신경 쓰여서 쉽게 그런 사람 역할을 그만둘 수 없게 되고, 결국엔 우울증에 걸리게 된다.

"정말 착한 사람이었는데. 이렇게 젊은 나이에 죽다니…."

이런 말을 자주 듣는데, 내 생각엔 착한 사람이었기 때문에 그렇게 젊은 나이에 죽은 것 같다. 별로 착한 사람이 아니었어도 그저 묵묵히 자기 일을 하다 보면 세상이 인정하지 않을 까닭이 없다.

결론은, 일찍 죽고 싶지 않다면 착한 사람이라는 타이틀로부터 벗어나는 편이 좋다는 것이다. 그래도 자기 뜻대로 세상을 살아가는 데 아무 문제 없다.

Chapter 23

곤충들의 자기희생이
의미하는 것

자기희생은 인간에게만 있는 행동이 아니다. 자연계의 생물 중에도 그런 행동을 하는 동물들이 꽤 여럿 있다. 그 전형적인 예가 자기 몸을 희생시켜 적의 공격으로부터 둥지를 지키는 일벌이다.

사마귀가 서로 잡아먹는 것도 자기희생의 하나다. 사마귀의 수놈은 교배 중에 암놈에게 잡아먹히는 일이 있는데, 이때 수놈은 머리가 잘리면 교배 능력이 높아진다. 게다가 수놈의 몸이 다음 세대 사마귀가 될 알들의 영양분이 되어 자신의 유전자를 남기는 데 도움이 된다. 이 이야기의 중요 포인트는 자기

희생이 사실은 자기 자신을 위한 것이라는 점이다.

미국 남부지방에서 서식하는 개미 중에는 불개미와 흑개미 두 종류가 있는데, 불개미는 몸집이 흑개미보다 매우 작지만 흑개미보다 큰 집단을 형성하고 있어 그 수가 압도적으로 많기 때문에 집단으로 싸우면 유리하다.

그런데 흑개미의 일개미가 개미집 근처를 순찰하다가 불개미를 발견하면 녀석에게 다가가 살짝 몸을 댄 다음에 재빨리 개미집으로 돌아온다. 불개미의 존재를 알리는 미세한 성분을 묻히고 돌아가서 종족에게 전하는 것이다.

불개미가 개미집 근처에 와 있다는 사실을 알게 되면 병정개미와 일개미가 즉시 출동해서 불개미를 잡아 죽여버린다. 병정개미는 평소에는 개미집 안에서 빈둥거리는 게으름뱅이지만 이렇게 일이 생기면 우수한 전투요원이 되어 강력한 턱으로 상대를 뜯어버린다.

그런데 드물게는 불개미의 정찰대원이 흑개미의 공격을 받아서 개미집으로 도망쳐오는 경우가 있다. 그러면 불개미들은 흑개미 집이 있는 곳을 향해 대부대를 동원해서 찾아간다.

그러면 대개의 경우, 수적으로 우세한 불개미들에게 압도당한 흑개미들이 황급히 피난 준비를 시작한다. 이때 일개미는 요충이나 번데기를 턱 사이에 끼고 여왕개미와 함께 도망간다.

그런데 병정개미는 개미집 입구 주변을 둘러싼 다음에 한 발짝도 물러나지 않고 죽을 때까지 처절하게 저항하다 전멸한다. 마침내 흑개미의 집 주변에 개미들의 시체더미가 가득 쌓이고, 불개미들이 흑개미들의 시체를 식량으로 쓰기 위해 끌고 돌아가면 전쟁은 끝이 난다.

이때 멀찌감치 도망친 흑개미들은 시간이 지난 뒤에 다시 개미집으로 돌아와 아무 일도 없었던 것처럼 다시 생활한다. 녀석들은 인간과는 달리 복수를 할 생각 따위는 전혀 없다. 전쟁에서 이긴 불개미들도 집으로 돌아가면 흑개미 집의 위치를 잊어버리고 둘 다 아무 일도 없었던 것처럼 살아간다.

인간의 눈으로 보면 흑개미의 병정개미들이 용맹하게 자기희생적인 행동을 하는 것이 실로 감동적이라고 할 수 있지만, 녀석들이 뭔가 숭고한 정신에 사로잡혀서 그런 일을 했던 것은 아니다.

개미는 그저 살아 있는 기계일 뿐, 모든 행동이 자극과 반응이라는 방식에 따라 거의 자동적으로 결정된다. 개미집 전체가 하나의 생명체 같은 것이라면 한 마리 한 마리의 개미는 그 생명체를 구성하는 세포이다.

개미들이 제각기 자신의 생명만을 지키는 행동을 한다면 개미집 자체가 멸망할 확률이 높아진다. 예를 들면 인간의 세포가 바이러스에 감염되면 면역세포가 생겨서 감염된 세포를 죽이려고 하는 것과 같다.

만약 감염된 세포를 살리려고 노력하면 개체 자체가 사망할 확률이 높아진다. 한 집안의 개미들의 유전자는 거의 같기 때문에 그 개체들의 세포 유전자도 모두 같다고 생각하면, 자기 희생적인 죽음은 자기들의 유전자를 남기는 행동이라는 문맥에서 설명이 가능해진다.

애초부터 야생동물의 자기희생적 행동, 즉 이타적인 행동도 그런 행동을 배제하지 않으면 종족이 절멸하지 않을 것이라는 전제일 뿐, 적응력에 대한 중요한 의미는 없다고 볼 수 있다.

Chapter 24

지나친 자기애가
남긴 부작용들

스토커라는 말이 정착한 지도 꽤 오래되었다. 조금 미련이 남아 있어 예전 애인에게 한두 번 문자 메시지를 보낸 것만으로 스토커라는 누명을 쓰는 불쌍한 사람들도 있지만, 범죄 수준의 행동을 마다않는 스토커가 줄어들 기미는 보이지 않는다고 한다.

왜 이렇게까지 이상한 행동을 보이는 스토커들이 늘고 있는 것일까? 스토커들의 공통점은 아마도 그들 모두가 자기애가 매우 강하다는 점일 것이다. 사람은 모두 자기 자신을 '없어서는 안 되는 존재'라고 생각하는데, 전혀 모르는 타인의 눈으로 보면 모든 인간은 없어도 되는 존재다.

그런데 스토커는 자신이 없어도 되는 존재임을 조금도 상상할 수 없다. 상대방이 자신을 없어도 되는 사람이라고 생각한다는 사실을 전혀 납득할 수 없는 것이다.

게다가 스토커는 '나는 당신에게 결코 없어서는 안 되는 사람입니다'라고 주장하며, 그것을 상대방이 받아들일 때까지 관철시키려고 한다. 그렇게까지 자기 자신을 없어서는 안 될 존재라고 착각하는 것은 스스로를 상대화해서 받아들일 기회가 적은 환경에서 자란 탓인지도 모른다.

지금은 출생률 저하로 자식이 한두 명인 아이가 당연시되고 있지만 과거에는 형제가 많았기에 부모의 사랑을 독점할 수 없었고, 하루 세 끼 식사조차 경쟁을 해야 얻을 수 있다는 생각이 강했다.

그런 환경에서 태어나면 저절로 자기 자신을 타인들과 상대화해서 볼 수 있는 관점을 기르게 되지만, 요즘 아이들은 공부라는 짐을 지고 혼자 지내는 시간이 너무 많고, 설령 놀더라도 실내에서 얌전히 게임 같은 걸 하는 일이 많아지다 보니 오로지 자기 자신만을 중심에 놓고 생각하는 습관에 젖어버린다.

옛날에는 아이들이 밖에서 골목을 누비며 뛰어놀았다. 아이들에게 놀이는 사회성을 기르는 데 결정적인 도움이 된다. 학교에서의 집단행동은 어디까지나 어떤 틀에 끼워 맞춰서 교사의 컨트롤 속에서 형성되는 관계이기에 사회성을 기르는 데는 큰 도움이 안 된다.

옛날에 밖에서 뛰어놀 때의 친구들은 연령이 다양했고 외부로부터의 조정이나 간섭 없이 자주적으로 집단을 형성했기 때문에 아이들은 그런 친구들과의 커뮤니케이션을 통해 사회성을 익힐 수 있었다. 아쉽게도 요즘 아이들은 그런 경험이 거의 없다.

타인에게 '없어서는 안 되는 나'를 주장하는 사람들은 비단 스토커만이 아니다. 학교에서, 직장에서, 세상 곳곳에서 자신이 없어서는 안 된다며 소리 높여 어필하는 사람들이 늘고 있다.

목청껏 불만을 토로하는 고객이나 자기주장이 강한 학부모가 대표적인 케이스로, 그들 또한 스토커의 다른 버전이라고 볼 수 있다. 그들은 자신이 없어서는 안 되는 존재인데 사람들이 마구 대한다는 사실을 용납할 수 없다고 외친다.

스토커도, 불만을 토로하는 고객도, 자기 자식에 대한 애정 과잉을 드러내는 학부모도, 오로지 자기만 옳다며 상대방을 함부로 대하는 사람들은 당연히 민폐를 끼치는 존재다. 이와 비슷한 부류로 성에 차지 않으면 아무 때나 마구 화를 내는 사람들도 마찬가지다.

이런 사람들은 스토커들과 마찬가지로 지나치게 자기애가 강해서 자기 자신을 없어서는 절대 안 되는 존재라고 착각한다. 만약 세상이 그렇게 없어서는 안 되는 존재들만으로 가득해서 그들의 말을 모두 존중하다 보면 어떻게 될까? 국가나 회사, 학교와 같은 시설들은 틀림없이 모조리 파탄 나버릴 것이다.

사회는 아무리 능력이 뛰어난 사람이라도 그를 대신할 사람은 얼마든지 있다는 전제에서 성립된다. 예를 들어 어느 조직의 영향력 있는 사람이 죽고 난 뒤에 그를 대신할 사람이 없게 된다면 그 조직은 망해버릴 것이다.

애초에 조직이란 모두 없어도 되는 사람들로 구성되는 것이기에 그렇게 될 리는 없지만, 그렇다고 개개인의 존엄이나 생명을 소중히 하지 않아도 된다는 말은 아니다.

당신에게 자기 자신이나 가족이 없어서는 안 되는 존재라는 것과 사회 전체로 봤을 때 모든 사람이 없어도 되는 존재라고 하는 것은 그다지 모순되는 이야기가 아니다. 다만 그것을 이해하지 못한다면 사람은 당장이라도 '없으면 안 되는 존재'로 착각하고 함부로 민폐를 끼치는 존재로 전락해버릴지 모른다.

다른 누군가가 당신을 규정하게 놔두지 마라.
그냥 당신이 되어라.

크리스 필립 Chrys Phillips

Part 4

당신은 없어서는
안 될 존재가 아니다

Chapter 25

행복에 이르는
가장 쉬운 방법

의학적으로 말하면, 쾌감이나 행복감은 엔도르핀이나 세로토 닌 같은 물질의 양으로 정해진다. 코카인이나 헤로인 같은 마 약들은 비정상적인 쾌감을 느끼게 하지만, 사실 그것에 아주 가까운 물질은 애초부터 인간의 뇌에 들어 있어 두뇌 안에 존 재하는 이런 물질을 만들어내는 스위치를 잘 다룰 수 있는 사 람은 약에 의존하지 않아도 쾌감이나 행복감을 느낄 수 있게 된다고 볼 수 있다.

뇌 안에서 쾌감이나 행복감을 일으키는 물질이 언제 분비되 는지는 사람에 따라 천차만별이다. 가끔 누군가의 취미활동을 보고 '왜 저런 일로 즐거워하지?'라는 생각이 들 때가 있다. 예를 들어 나는 진기한 곤충을 채집하면 굉장히 행복감을 느끼는데, 어떤 사람들은 경마에서 돈을 따거나 낚시를 가서 큰 물고기를 잡았을 때 엄청난 행복감을 느낀다.

사실 우리가 느끼는 대부분의 행복감은 타인과 비교하면서 생긴다. '나는 저 사람보다 성공한 편이다' 또는 '나는 저 사람보다 좋은 집에서 살고 있다'고 느낄 때 행복감을 느끼는 게 대표적이다.

친구와 월수입을 비교해서 자신이 형편없다는 사실을 알고 우울해하던 사람도 아프리카의 가난한 나라에 가서 살게 되면 사정이 바뀔 수 있다. 만약 거기서 이곳에 있을 때의 소득 수준을 유지할 수 있다면 현지인들로부터 갑부로 추앙받으며 행복한 기분을 맛볼지도 모른다.

오늘날은 자신과 타인을 비교하게 되는 샘플 수가 극단적으로 많아졌다. 가령 '나는 이런 일을 해서 성공했습니다!', '나는 숱한 실패를 뛰어넘고 이렇게 부자가 되었습니다!'라고 말하는 이야기들이 매스미디어나 인터넷에 넘쳐난다.

그런 사람들이 웃으면서 성공담을 말하는 걸 보면 '나는 패배자인가……'라든가, '나는 운도 없다……'라고 생각하게 된다. 그런 의미에서 보면 현대인들에겐 불행할 정도로 정보가 넘쳐난다고 할 수 있다.

이런 식으로 불행이란 것에 붙들려 계속 고통을 느끼는 감각으로부터 도망치려면 어떻게 해야 할까? 처방은 두 가지다. 하나는 비교하는 것으로부터 피하는 것, 또 하나는 별것 아닌 일에도 즐거움을 느낄 수 있도록 머릿속을 바꿔보는 것이다.

남성은 특히 경쟁에서 이기는 것에서 강한 기쁨을 느끼는 경향이 있어서 그 때문에 참여하지 않아도 되는 내기나 경쟁에 뛰어들곤 한다. 그러니 불행하다는 생각을 조금이라도 하고 싶지 않다면 그런 것들로부터 벗어나야 한다.

여성들 중에는 일상의 작은 일에서 기쁨을 발견하고 행복감을 느끼는 경우가 많다. 나의 지인 중에는 손바닥만 한 디저트 케이크를 먹을 때 진짜 행복을 느낀다고 말하는 여성이 있는데, 그럴 때 그녀의 티 없이 맑은 얼굴을 보면 부럽기만 하다.

연봉이나 사회적인 지위라는 척도만 가지고 비교하면 한심하게 느껴질 정도로 보잘것없는 사람도 별것 아닌 자리에서 누구에게도 지지 않는 기술을 보이는 경우가 있다. 예를 들어 곤충채집이나 낚시의 고수 중에는 사회적으로 그다지 인정받지 못한 사람들이 있는데 취미생활에 열중할 때 보면 더없이 즐거워 보인다.

현대인들이 느끼는 거의 모든 불행은 어쩌면 타인과의 비교를 통해 자신의 열등함을 깨닫고, 그것을 매일같이 확인하고 또 확인하며 스스로를 못난이라고 질책하는 데서 시작되는 것인지도 모른다.

이제 타인과의 비교를 멈추고 자신이 가장 잘하는 것만 바라보고 가장 잘하는 일에서 행복을 느끼도록 머릿속을 바꾸자. 이것이 행복할 수 있는 가장 쉬운 방법이다.

Chapter 26

동물들에게는 없고
인간에게만 있는 것

동물들에게는 없고 인간에게만 있는 것이 있다. 그것은 바로 불안감이다. 동물들은 두려움을 느낄 수는 있어도 불안감을 느끼는 일은 없다.

우리 집에서 키우는 고양이는 더운 여름날이 되면 자동차 아래로 들어가 더위를 식힌다. 자동차를 몰고 나가야 할 때 몸을 움직이지 않는 고양이를 향해 '비켜!'라고 소리를 지르면, 그 소리에 녀석은 순간 몸이 얼어붙는다. 공격을 당하기라도 하면 큰일이 날 것처럼 귀를 움찔거리며 경계한다. 이런 행동이 두려움이다.

이렇게 동물들은 지금의 괴로움으로부터 도망치려고 하거나 자신에게 위험이 다가오는 걸 감지하고 도망치려고 하는 동물적 반응을 보이지만, 그렇더라도 죽음이 싫다거나 불안을 느끼는 일은 없다. 동물들은 모두 내일을 생각하지 않고 그저 배가 고프면 먹고 배가 부르면 잘 뿐이다.

인간도 아이일 때는 내일을 생각하지 않기에 불안감이 별로 없다. 그러다 어른이 되면서 미래에 대한 일을 생각하기 시작하는데, 미래는 원래 불확실하기 때문에 두려움을 동반한다. 미래를 생각할수록 불안감이 휩싸여온다. 불확실한 미래만 신경 쓰면 불안감을 잠재울 여유 따위는 없다.

특히 오늘날처럼 변화가 격심한 시대를 살게 되면 몇 개월 앞의 일이 어떻게 될지 전혀 알 수가 없다. 미래에 대한 불투명함이 강해지면 당연히 불안감도 증가하게 된다.

초고령화 사회를 맞아서 더욱 가속화되어가는 건강 붐도 미래 어느 날에 병에 걸릴지 모른다고 생각해 될 수 있는 한 예방을 하려는 강한 불안감에서 오는 것이라고 할 수 있다.

더구나 현대인들은 노후에 대한 불안감도 크다. 노인들이 돈을 쓰지 않고 꾸준히 저축만 하는 것도 노후생활이 어떻게 될지 알 수 없기 때문으로, 될 수 있는 한 목돈을 남겨둬야 한다는 불안감에서 나오는 행동일 것이다.

불안의 궁극적인 결말에 존재하는 것은 죽음으로, 죽음은 우리 모두에게 최대의 불안요소라고 할 수 있다. 죽고 난 다음에 만나는 사후세계는 누구도 경험해보지 못한 완전한 미지이기 때문이다.

히말라야산맥에 자리한 작은 나라 부탄에서 60세 이상의 사람들에게 무엇이 제일 불안하냐고 물으면 80퍼센트 이상이 '죽음'이라고 대답한다고 한다. 그런데 만약 오늘을 사는 사람들에게 60세 이상의 사람들에게 같은 질문을 던지면 이구동성으로 부족한 노후자금이나 자식이 걱정이라는 답을 듣게 될 것이다.

부탄 사람들은 돈독한 불교도들로 윤회를 믿는다. 윤회를 믿는 그들보다 죽으면 아무것도 남지 않는다고 생각하는 현대인들이 틀림없이 죽음에 대해 강한 불안을 느낀다고 볼 수 있다. 불안감이 너무 강한 탓에 현대인들은 죽음을 입 밖으로 뱉지 않는다. 반대로 죽는 것을 주저 없이 입 밖으로 내뱉는 부탄 사람들이야말로 죽음에 대한 불안이 그리 크지 않다.

오늘을 사는 사람들이 죽음에 대해 불안감이 강한 또 하나의 이유는 죽음에 대한 정신적 면역이 과거와 비교해서 현저히 약해졌기 때문이다.

현대인들은 죽음을 무조건 꺼림칙한 것으로 여겨서 극단적으로 숨기려고만 한다. 죽음을 불편한 것으로 여겨서 아예 보지 않으려고, 또는 보지 않아도 되는 것처럼 되도록 멀리한다. 그런 사고방식을 가진 사회에서 살다 보면 당연히 죽음이라는 것에 익숙해질 수 없을 것이다.

예를 들어, 지진이나 해일 같은 큰 재해가 일어나면 피해 지역에는 시체들이 즐비하게 나뒹굴게 되는데 그런 광경을 찍은 사진은 매스컴에 단 한 장도 실리지 않는다.

하지만 동남아시아 같은 지역에서는 잡지나 신문에 그런 종류의 사진을 의외로 아무렇지도 않게 게재한다. 경제적으로 보면 그런 나라보다 일본이 월등히 발전했는데도 삶과 죽음에 대해서만은 훨씬 열등한 사고방식을 가지고 있다는 것을 여기서도 확인할 수 있다.

작가 미시마 유키오三島由紀夫가 할복자살을 했을 때, 〈아사히 신문〉은 그의 시신이 나뒹구는 사진을 1면에 실어 충격을 주었다. 지금이라면 있을 수 없는 일이다.

과거에는 집에서 죽는 경우가 많았는데, 지금은 대다수 사람들이 병원 침대 위에서 눈을 감는다. 나의 어머니도 임종 직전인 일주일 동안 말 한마디 하는 일 없이, 그리고 눈을 뜨는 일도 없이 병원에서 뇌사상태로 지내다가 심전도 모니터의 파장이 일직선으로 변하자 의사로부터 돌아가셨다는 말을 들었다.

과거의 노인들은 죽음을 맞이하는 최후의 순간까지 집에 있는 일이 많았다. 죽음이 가까워지면, 주위 사람들이 슬슬 죽음을 맞이할 때가 다가오는 걸 예감하고 마음의 준비를 했다.

그때쯤에는 본인도 죽음이 가까워졌음을 깨닫게 되고, 마침내 최후의 순간이 오면 본인이 뭔가 한 마디 말을 하거나 곁에 있는 가족들이 '할 말이 없으세요?'라고 묻거나 해서 모두가 지켜보는 가운데 조용히 눈을 감는 게 죽음에 이르는 하나의 과정이었다.

그런데 요즘은 대다수 사람들이 병원에서 죽는 시대가 되어 가족이 죽음을 함께 하는 일조차 못하게 되었다. 더구나 연명치료가 극도로 발달해서 과거라면 죽음을 판정받을 상태인데도 기계에 의존해서 마지막까지 연명하게 만든다. 이러니 생사의 경계가 불분명해져서 이것도 저것도 아닌 애매한 최후를 맞는 것이다.

현대의 죽음은 은폐됨과 동시에 죽는 사람에 대한 존엄이 보장되는 일도 거의 없다. 아무리 존엄하게 죽을 권리를 위한 웰

인간은 원래 게을러야 행복하다

다잉well-dying을 외쳐도 병원들은 여전히 연명치료를 고집하고 있다. 사회가 이렇게 죽음을 점점 멀리하는 환경에서는 당연히 죽음에 대한 마음의 면역이 생길 수 없고 죽음에 대한 불안감만 필요 이상으로 부추기게 된다.

뇌가 극도로 커져버린 인간은 동물처럼 완전하게 하루하루의 삶을 위해 살아가는 방식을 취할 수 없다. 그래서 불안으로부터 완전히 도망치는 일도 할 수 없다.

매일 불안감만 느끼면서 사는 인생은 전혀 즐겁지 않다. 어떻게 하면 좋을까? 하나의 방법으로는 불안으로부터 도망치지 말고, 그대로 직시하는 것이다. 죽는 것은 어쩔 수 없는 일이라고 포기하거나 수중에 있는 것들을 몽땅 쓰고 나서 빈손으로 죽어도 어쩔 수 없다고 생각한다면 조금이라도 마음이 편해질 것이다. 그때 처음으로 오늘이라는 하루의 즐거움을 느낄 수 있고, 내일은 내일이 되면 생각해도 좋다는 식으로 삶을 대하는 태도가 바뀔 것이다.

Chapter 27

자기만의 가치관을
가진 사람

서점에 즐비한 자기계발 서적들을 보면 제목에 '성공'이라는 글자들이 많이 들어가 있음을 알 수 있다. 그 정도로 많은 사람들이 성공에 굶주려 있다는 뜻일 것이다.

자연계를 살아가는 생물에게 성공이란 자손을 많이 생산하는 것인데, 인간의 경우에 성공이라는 것은 자연계의 생물과는 전혀 다른 뉘앙스를 가진다. 비즈니스 서적에서 말하는 성공의 정의는 대개 다음의 세 가지다.

• 어떤 분야에서 일을 가장 잘하는 사람

- 주변으로부터 높은 평가를 받으며 업적을 쌓고, 나름의 사회적 지위에 오른 사람
- 돈을 많이 번 사람

그러나 이 세 가지에 해당하지 않는 사람이라도 견해에 따라서는 '나도 성공한 편에 속한다'고 생각하는 사람들이 얼마든지 있을 수 있다. 일정한 나이가 되었을 때, '아, 나도 그런대로 멋진 인생이다!'라고 생각할 수 있는 사람이라면 그 나름대로 성공했다고 할 수 있다.

반대로 엄청난 부자가 되어 사회적으로 성공했다는 말을 들어도 본인이 '정말 힘든 인생이다. 조금도 행복하지 않다'고 느낀다면 개인적으로는 결코 성공했다고 할 수 없다.

열심히 살아서 성공자라는 이름을 만천하에 떨친다고 해도, 당사자가 너무 힘들어서 자살이라도 하면 그것을 성공한 인생이라고 부를 수 있을까? 소설가로 명성을 떨친 아쿠타가와 류노스케芥川龍之介나, 노벨문학상을 탄 가와바타 야스나리川端康成 같은 사람들은 겉으로 보기에는 성공했다고 할 수 있겠지만, 결과적으로는 자살로 인생을 마감했기에 그리 좋은 인생이라고는 할 수 없을 것이다.

타인이 보는 성공의 척도와 본인이 느끼는 성공의 척도에 차이가 생기는 것은 사회적인 성공 관념으로는 어차피 본인의 행복감을 충족시키지 못하기 때문이다.

외면적인 성공과 내면의 만족감, 납득, 행복감이 반드시 평행한다고는 말할 수 없다. 예를 들어 사회적으로 나무랄 데 없이 큰 성공을 거둔 사람이 정신과병원을 드나드는 일이 적지 않은 것만 봐도 그렇다.

개중에는 타인이 바라본 성공의 척도와 본인이 느끼는 성공의 척도에 그리 큰 차이가 없는 사람도 있다. 인간은 타인으로부터 인정받고 싶어 하는 마음이 강한 생물이기에 사람들로부터 좋은 평판을 들으면 그것만으로도 기뻐하게 된다. 그것만으로 만족하는 사람은 타인의 성공과 자신의 성공의 척도가 일치하는 것으로, 이런 사람은 일단 행복하다고 할 수 있다.

다만, 칭찬을 듣지 못해 행복감을 느낄 수 없는 사람은 그 마음을 지속하기 위해 더욱 자신에게 노력을 강요하게 된다. 그것은 잘될 리가 없고, 만약 잘되더라도 끊임없이 부담을 느낄 수밖에 없다.

사회에서 규정하는 외면적인 성공이 본인이 정한 내면적인 성공에 영향을 끼치는 것은 당연하지만 그것에 좌우되지 않는 자신만의 가치관을 가지고 있는 사람이라면 결국 삶에 대한 행복도가 높다.

Chapter 28

돈으로 살 수 있는
행복은 싫다

쾌락중추를 자극하는 약물의 의존성을 알아보기 위해 원숭이를 이용해서 행하는 실험은 널리 알려져 있다. 원숭이가 레버를 당기면 정맥주사를 통해 니코틴, 모르핀, 알코올, 각성제, 코카인 등 의존성 높은 약물이 각각 원숭이 몸으로 투여된다.

레버를 당기면 쾌락중추를 자극하는 약물이 몸속으로 흘러들어온다는 사실을 학습한 원숭이는 효과가 떨어질 때마다 레버를 계속해서 당긴다. 약물의 종류에 따라 레버를 당긴 회수가 다른데, 코카인을 사용했을 때는 2만 번에 가깝게 계속 당기다가 결국 약물중독으로 죽고 말았다.

현대인의 손에도 똑같은 레버가 쥐어져 있다. 알코올, 담배, 당분은 말할 필요도 없고 도박, 인터넷, 휴대전화, TV, 게임 등 무수히 많다.

레버를 계속 당겨온 우리는 이제 그런 것들에 의존하지 않고서는 살아가기 어렵게 되었다. 잠깐이라도 레버를 빼앗으면 그 자리에서 곧장 금단현상이 나타나는 사람도 많다.

우리 몸은 통상적으로 어떤 자극에 서서히 둔감해지다가 자극의 효과가 옅어진다. 그 때문에 쾌락으로 이어지는 자극을 얻고자 자극을 원하는 빈도가 높아지게 되고, 결국에는 보다 더 강한 자극을 원하게 된다. 원숭이도 그와 같은 방식으로 레버를 당기는 빈도가 점점 높아졌던 것이다.

현대인들이 일상에 한층 더 강한 자극을 원한다는 사실을 알 수 있는 것은 과거와 현재의 TV방송 프로그램을 비교해보면 된다. 예를 들어, 40년 전쯤의 텔레비전 방송은 지금의 그것과 전혀 분위기가 다르다. 과거의 TV방송은 어딘가 목가적이고 느긋한 맛이 있었지만, 지금은 일단 눈에 띄려고 자극적인 장면들로 가득하다.

한번 자극이 강해지면, 이를 늦추거나 멈추기는 좀처럼 어려운 법인데, 그렇게 쾌락중추가 명령하는 욕망에 몸을 맡기다

보면 앞의 원숭이처럼 중독사하지 말란 법도 없다.

이 악순환으로부터 도망칠 방법은 없는 것일까? 나는 가끔 집 근처에 있는 산으로 곤충을 채집하러 간다. 여름에는 곤충 채집을 끝내고 땀에 젖은 상태로 집으로 향하는 도로에 도착하는데, 오로지 맛있는 맥주를 마시고 싶다는 생각에 도중에 수분을 섭취할 만한 것들이 있어도 참고 또 참는다.

자동판매기 앞을 지나면서도 차가운 스포츠 드링크를 사고 싶은 충동을 이겨내고, 집에 도착한 뒤에 현관을 열고 들어가도 냉장고로 직행하지 않는다. 먼저 욕실로 들어가 샤워를 하고 난 다음에 그제야 느긋하게 맥주를 마신다. 그러면 도중에 인내심을 발휘한 보람이 있어서 맥주 맛이 한층 더 좋다.

어느 정도까지 욕망을 참으면, 같은 자극이라도 쾌감이 줄어드는 일이 적다. 비프스테이크를 좋아하는 사람이라도 최고급 레스토랑에서 최고급 스테이크를 매일 먹다 보면 나중에는 이제는 더 이상 먹고 싶지 않다는 생각이 들 것이다. 따라서 가끔 먹을 수 있다면 그때의 감동은 언제까지나 옅어지는 일 없이 이어질 것이다.

나는 평소에 TV를 습관처럼 켜놓고 멍하니 시선을 던질 뿐 방송 내용엔 별로 관심이 없다. 하지만 해외라도 나갔다 돌아오면 갑자기 재미있게 느껴져서 시시콜콜한 방송까지 넋을 잃고 볼 때가 많다. 그만큼 모국어에 대한 그리움이 컸기 때문일 것이다. 이런 현상은 뇌의 쾌락중추를 자극하는 물질이 계속 자극을 받으면 분비량이 저하되지만, 가끔씩 받으면 고조된다는 사실을 말해주는 증거이다.

어쨌든 욕망을 한꺼번에 채우는 일에만 집중하지 말고 다소 참는 것도 쾌락을 오랫동안 느낄 수 있는 방법의 하나다. 여기서 주의해야 할 점은, 참는 시간을 너무 먼 뒤로 미루지 않는 것이다. 앞서도 말했지만 욕망을 해방시키는 시기가 너무 미뤄지면 뇌도 변화해서 예전엔 즐겁다고 생각했던 일들이 전혀 즐겁지 않게 될 수도 있다.

그런데 우리의 욕망은 사회적 환경을 통해 구축된 것이기 때문에 의식주가 충족되어도 사회적 측면에서 보통의 수준으로 즐거움을 느낄 수 없다면 불행하다고 느낄지 모른다.

사람들에게 물건을 사게 해서 돈을 버는 자본주의는 돈을 사용함으로써 즐거워질 거라는 이야기를 유포하는 데 여념이 없다. 이런 이야기는 가난한 사람은 불행해질 수밖에 없다는 결론으로 이어진다.

그런데 과연 이것이 진실일까? 돈이 없더라도 사람은 그 나름대로 즐겁게 살아가는 것이 가능하다. 나도 나이를 먹고 나서부터는 점점 아무것도 아닌 일에 즐거움을 느끼자고 마음먹게 되었다.

그래서일까? 밤에 정원에 나가서 달이 걸린 구름의 움직임을 멍하니 바라보거나 가까운 산이 단풍으로 물들기 시작하는 광경에 말로 할 수 없을 만큼 기쁨을 느끼는 일이 많아졌다. 이 모든 기쁨은 돈으로 살 수 있는 자극에서 자유로워지자고 마음먹은 뒤부터 생긴 일이다. 당신도 부디 이런 감각의 대열에 함께하기 바란다.

Chapter 29

포기하는 힘이 강하면
가능성은 높아진다

직업을 테마로 한 다큐멘터리 방송을 보면, 하나의 일을 포기하지 않고 오랜 시간 해내는 사람들이 등장한다. 여러 가지 일에 손대어 계속 성공한 사람보다 세상 사람들로부터 어리석은 집념이라는 말을 들으면서도 엄청난 정열과 노력을 쏟아낸 결과로 성공한 그들에게 감동하는 사람들이 많다.

하지만 그렇게 집념을 가지고 피를 토하는 듯한 노력을 계속한 사람들이 결과적으로 모두 보상을 받느냐 하면 반드시 그런 것도 아니다. TV 같은 데서 다루는 것은 어쩌다 포기하지 않는 집념으로 목표를 쟁취한 사람들일 뿐, 현실은 오히려 눈물을 머금고 실패하고 마는 사람들이 압도적으로 많고, 그렇기에 성공한 사람들의 이야기가 더욱 감동적으로 다가오는 것이다.

많은 사람들이 어렸을 때부터 어른들로부터 '절대 포기하지 마라! 힘내라!'라는 말을 계속 들어왔기 때문에 포기하지 않는 것이 좋다는 생각에 세뇌되어 있다. 그 때문에 뭔가를 포기하면 그런 자신이 한심스럽거나 죄책감 같은 감정을 느끼게 된다. 그러나 포기한다는 건 달리 말해 사고를 전환하는 것이다.

아이들에게 어떤 마이너스적인 일이 생겼을 때 어른들은 기분을 전환해보자며 격려한다. 그러면서 한편으로는 포기하지 말라고 하는데, 실은 그 말에 내포된 것은 '포기해!'라는 말이다. 포기하지 않는다는 것에 감동하는 부모도 현실에서는 재빨리 포기하는 편이 좋을 때가 있다는 걸 알고 있기 때문이다.

포기하지 않는 것이 좋다는 이야기는 일단 절반만 믿고, 그 말 자체에는 속지 않는 편이 좋다. 이따금 몇 년 동안 공부해서 명문대학에 들어가는 사람들 이야기를 듣는데, 그런 사람들은 애초에 재빨리 포기하고 다른 길로 접어드는 편이 좋지 않았을까?

나의 지인 중에는 마흔 살이 될 때까지 도전을 거듭해서 겨우 변호사 자격을 취득한 사람이 있는데, 그는 '변호사는 곧 인생의 승자'라는 공식이 머릿속에 뿌리를 내려 스스로 강한 착각을 하고 있었던 게 아닐까? 그렇기에 그는 다른 길에 들어선다는 생각조차 할 수 없었던 것이다.

명문대 합격이든, 변호사든 그런 것들은 세상을 살아가기 위한 하나의 방편에 불과하다. 그 때문에 과도하게 많은 시간을 써버리는 것은 최악의 낭비가 아닐까? 극단적인 예로, 서른 살쯤에 명문대학에 합격한들 과연 꽃길 인생이 기다리고 있을까?

명문대 입시든, 변호사 자격시험이든 제아무리 어렵다고 해도 결국엔 누군가는 붙기 마련이기에 몇 년이나 해도 안 된다면 그것은 적성에 맞지 않는다고 생각하고 다른 길을 찾아보는 게 좋다.

만약 운동을 못하는 사람이 올림픽에 나가고 싶다는 생각을 하게 되더라도 확연히 드러나는 신체적 능력 때문에 바로 포기할 마음이 들 것이다. 그러나 공부 능력은 한 번에 확연히 드러나지 않는다.

'적을 알고 나를 알면 백전백승'이라는 손자의 말이 있는데, 적은 어쨌든지 간에 나를 아는 일조차 어렵다. 그렇기에 원하는 대로 풀리지 않을 경우엔 하나에 얽매이지 말고 여러 가지 시험을 해보는 자세가 필요하다.

포기하는 것이 나쁘다고 생각하는 착각을 빨리 버리는 것도 중요하다. 포기를 좋은 방향으로 전환하는 빠른 길이라고 생각하면 마음이 편해진다. 어느 정도 해보고 안 되는 것은 일이든, 공부든, 인간관계든 빠른 시점에서 포기해버리는 것이 인생에서 또 다른 가능성을 펼칠 수 있어서 분명 좋은 인생이 될 것이다.

Chapter 30

합성의 오류

경제를 최우선으로 하는 사회는 무조건 효율만을 앞세우는 쪽으로 진행되어야 하기 때문에 인간의 사고방식도 경제적 합리성을 중시하는 방향으로 치닫게 된다.

사실 무엇이든 합리적으로 생각하는 일은 의외로 어렵다. 시위를 벗어난 화살들이 과녁을 통과할 때는 큰 차이가 있듯이 아무리 철두철미 합리적인 것을 목표로 해도 상황에 따라 얼마든지 불합리적인 것으로 바뀌기 때문이다.

현대사회는 물건이 말할 수 없이 풍부해지면서 편리하고 행복한 삶이 실현되었다고 말할 수 있겠지만, 일본에서만 1년에 수만 명의 자살자가 나오는 스트레스 과잉사회가 초래된 것처럼 말이다.

1970년 노벨 경제학상 수상자 폴 새뮤얼슨Paul Samuelson은 '합성의 오류Fallacy of Composition'라는 용어를 만들어냈다. 이 말은 개별적인 부분으로 볼 때는 진실이지만, 그것들의 결합인 전체로 보면 거짓인 것을 진실이라고 주장함으로써 생기는 오류를 말한다.

예를 들어 정부가 재정개혁을 실시하려고 증세를 계획하면 불경기로 이어져서 재정이 한층 악화되는 것도 합성의 오류다. 따라서 국가 지도자나 기업 경영자는 이러한 불합리를 어떻게 조정하는 것이 최적인가를 생각하는 게 제일 큰 임무이자 역할이다.

좀처럼 매상이 오르지 않는 기업에서 이익을 높이기 위해 경비 삭감의 일환으로 사원들의 임금을 동결시켰다. 이런 조치는 일시적으로는 이익이 오를지 모르지만, 이런 상황이 계속되면 사원들의 동기부여가 낮아져서 능력자들이 회사를 그만두는 상황이 될지도 모른다.

그에 따라 생산성은 오히려 저하되고 이익이 감소될지 모른다. 경영자는 이런 문제를 염두에 두고 하나하나의 상황에 어

인간은 원래 게을러야 행복하다

떻게 대처할지 고민해야 한다.

원자력 발전 문제에서도 합성의 오류가 적용된다. 예를 들어, 원자력 발전을 용인하는 집단은 사회적 불안이나 생명의 불안보다 원자력 발전을 멈추면 전력이 부족해진다는 관점에서 원자력 발전의 미시적 합리성을 주장한다.

"만약 전기요금이 오르면 국가경제에 또 다른 폐해가 초래될 것이다. 따라서 원자력 발전은 거시적 합리성에도 들어맞는다."

한편, 반대파는 거시적으로 봤을 때 거대한 위험성을 지닌 원자력 발전이 사회 전체에 손해를 끼칠 것이라고 주장한다. 그런데 핵연료 재처리시설이 있는 아오모리靑森 지역의 주민들은 평균소득이 1000만 엔이 넘는다고 한다. 아오모리 지역 전체의 평균소득인 250만 엔과 비교하면 엄청난 차이다.

이곳 지역민들의 경제적인 문제를 생각하면 재처리시설은 당연히 있는 편이 좋다. 지금까지 원자력 관련 사고가 발생해도 문제가 간단히 해결되지 못한 것은 이 같은 갖가지 입장의 사람들이 저마다의 입장에서 자기주장을 해왔기 때문이다.

외교의 세계에서도 국가와 국가가 강하게 충돌하는 것은 각국이 저마다 자국의 이익을 염두에 두는 미시적 합리성만 주장하기 때문이다.

미시적 합리성의 추구가 거시적 합리성을 동시에 만족시킬 수 있도록 귀결된다면 좋겠지만, 늘 그렇듯이 이는 매우 어렵다. 미시적인 관점과 거시적인 관점을 동시에 시야에 놓고 그 밸런스를 잡아나가는 것이 중요한데, 실제로는 그게 제대로 되지 않기 때문에 인간사회가 나날이 불합리한 국면으로 치닫는 것이다.

Chapter 31

숫자에 밝으면
잘 살게 될까?

경제가 최우선인 사회에서는 무엇이 득이고 실인지 조건반사적으로 계산하는 사람들이 많다. 물건을 살 때만이 아니라 취업, 결혼상대, 친구, 취미 등 다방면의 선택에서 반드시 이해득실을 먼저 계산하는 것이다.

현대인이 그렇게 계산에 뛰어난 사람들로만 가득하다면 큰 이득을 얻고 행복해서 싱글벙글하는 사람이 많아질 테지만 현실에서는 그다지 즐거워 보이는 얼굴이 아닌 사람 쪽이 압도적으로 많으니 계산대로 되지 않는 모양이다.

이득을 얻는 사람이 있다는 것은 반드시 손해를 보는 사람이 있다는 뜻인데, 이것은 실제로는 이득을 얻으려 하다가 오히려 손해를 보는 사람들이 많다는 얘기가 된다.

1년에 기껏해야 1만 엔 정도 납입하는 보험에 들면서 어느 보험회사의 상품이 더 싼지 며칠 동안 자료를 검토하는 사람이나 액정 텔레비전을 사기 위해 며칠간 전자상가를 돌아다니면서 A전자 제품이 B전자 것보다 더 싸다고 기뻐하는 사람은 인간에게 가장 귀중한 재산인 시간을 잃어버리고 있음을 알아차리지 못하는 것이다.

언제나 이해득실을 따지는 사람은 자칫하면 나무만 보고 숲을 보지 못해서 큰 손해에 이르는 짓을 하고 있는지도 모른다. 어느 문학평론가는 일상생활에서 어떤 행동이 득이 되고, 어떤 것이 실이 되는지를 아주 세세히 계산하며 산다면서 이렇게 썼다.

"자전거로 이동을 하면 금전적으로도 이득이지만 칼로리 소모로 인해 다이어트 효과도 크다. 요리할 때 조리법을 잘 선택하면 시간과 돈을 절약할 수 있고, 방의 수납장에 물건을 넣어두지 않고 전부 꺼내 놓으면 꺼내는 시간이 절약된다."

돈과 시간의 비율 계산을 해서 만든 요리는 왠지 맛이 없을 것 같고, 물건이 여기저기 널브러져 있는 방은 아무리 고급스러운 인테리어라도 편안하지 않을 것 같다.

그런 사람들은 철저히 계산했는데도 이득을 얻지 못하면 인생의 패배자라도 된 듯한 기분이 들 것이다. 쓸데없는 간섭일지 모르지만, 이런 사람은 매일같이 이득은 많이 생산하더라도 다른 곳에서 큰 손해를 보고 있지는 않을까 생각된다.

최근에 나는 결혼 40주년을 맞이했다. 40년 동안 잘도 같이 살아줬네 하며 아내와 웃음을 나눴지만 우리는 함께 살면서 득실을 계산하며 지내지 않았다. 조금이라도 그런 계산을 했다면 우리 부부는 필경 진즉에 헤어졌을 것이다.

결혼하고 나서 처음에는 찢어질 정도로 가난해서 애초에 득실을 따질 만큼 계산할 돈도 없이 늘 빠듯하게 생활했다. 조금 여유가 생겼을 때도 아내의 돈과 내 돈을 구분하지 않았고, 가계부 같은 것은 귀찮아서 일절 쓰지 않았다. 득실의 계산을 하는 일보다 다른 즐거운 일을 하는 편이 좋다고 생각했기 때문이다. 요컨대 계산 따위를 하지 않아도 사는 데 전혀 문제가 없었다는 얘기다.

이 세상에는 어마어마한 부자들이 많다. 미술품이나 골동품을 종류별로 수집하기 위해 미술관이나 박물관을 스스로 만들 정도다. 이 정도 부자들은 스스로 얼마나 재산이 있는지를 정확하게 파악할 수 없다고 한다. 미국의 어떤 대부호에게 재산이 얼마나 되느냐고 묻자, 그가 이런 대답을 내놓았다고 한다.

"자기 재산이 얼마나 되는지 아는 사람은 결코 부자라고 말할 수 없습니다."

이 사람에게는 돈을 얼마나 가지고 있는지 따위는 정말이지 쓸데없는 이야기일 것이다. 따라서 돈은 어떻게 쓸지가 제일 중요한 문제이지 득실의 계산 문제로 생각해서는 안 된다. 대개 무엇이 득이고, 무엇이 실인지가 어디에 가치를 두는지에 따라 완전히 바뀌기 때문이다.

고가의 미술품을 구입해서 수집하는 행위는 나중에 팔 생각이 없으면 금전적으로는 손해가 당연하겠지만, 인류의 문화유산을 보전한다는 관점에서 보면 가치 있는 행위다.

기대치를 계산하면 절대 손해인 것이 복권이다. 그런데 장난삼아 복권을 샀는데 1등에 당첨되는 일이 있고, 결코 떨어질 리 없는 기업의 주식을 은행예금보다 조금은 이득이라고 생각해서 샀는데 뜻하지 않게 큰 손해를 보는 일도 있다. 인생은 계산대로 되지 않기 때문에 재미있는 것이다. 손해든, 이득이든 인생의 행복의 척도에 있어서는 이렇다 할 차이가 없다고 생각한다.

Chapter 32

글로벌은 인생을
재미없게 만들었다?

'글로벌'이라고 하면 비교적 최근에 생긴 말로 생각하는 사람이 많겠지만, 사실은 오랜 역사를 가진 말이다. 지금으로부터 16만 년 전에 아프리카에서 현생 인류인 호모 사피엔스가 태어난 이래로 인간은 오랜 시간을 들여서 전 세계로 생활권과 활동 범위를 넓혀왔다.

그러다 1만 년 전에 세상이 급속도로 글로벌화되기 시작했고, 그 뒤 한참 세월이 흐른 뒤에 유럽 일대를 강타한 산업혁명의 열풍을 계기로 철도, 선박, 비행기 같은 이동수단의 발달과 통신기술의 발전, 그에 따라 더욱 활발해진 교역을 통해 20세기 초에는 역사상 최대 규모의 글로벌화가 이루어졌다.

하지만 이와 동시에 현대사회의 권력 단위인 국민과 국가가 확실하게 국경이나 고유통화를 갖게 되어 글로벌의 확장을 저항해왔다. 그러나 IT라는 수단으로 인해 이전까지는 없던 글로벌사회가 광범위하게 진행되면서 그 흐름 자체가 멈출 기세를 보이지 않는 듯하다.

막대한 영향력을 가진 거대자본이 만들어내는 상품이 세계 곳곳에 퍼져 나가는 현대사회에서는 필연적으로 비슷한 상품들이 넘치고 있다. 그것은 마치 일본의 지방도시 어디를 가더라도 도회지와 같은 이름의 상업시설이 늘어서 있는 가운데, 거기 사는 사람들이 도시인들과 대등한 생활을 하고 있는 것과 같다. 그렇다는 것은 머지않아 세상이 온통 자본의 힘에 의해 균일화되고 획일화될지 모른다는 얘기다.

오늘날 자본의 힘이 어떤지를 가장 확실하게 보여주는 집단은 다국적기업들이다. 오늘날의 세계경제 상황을 보면, 다국적기업들이 세계 도처에서 값싼 노동력을 통해 부를 착취하고 축적하는 글로벌 캐피탈리즘의 세상으로 지구인 모두를 이끌고 있는 것 같다.

그러면 세계의 문화 또한 균일화로 나아갈까? 나는 소비생활의 스타일이라는 면에서는 획일화로 나아가겠지만, 각 나라 본래의 문화적이고 습관적인 고유성은 영원히 남기 때문에 그 땅에 살고 있는 인간의 기질 같은 것은 그리 쉽게 바뀌지 않을 것이라고 생각한다.

세계에는 많은 민족이 있고, 모두 고유의 종교나 생활 습관, 그리고 문화를 가지고 있다. 그런 것들은 다양성이 넘치고, 나름의 견고한 보수성을 지니고 있기 때문에 쉽게 무너질 일은 없다고 할 수 있다.

예를 들어, 세상에는 휴대전화나 컴퓨터가 순식간에 퍼졌지만 일본에 기독교나 이슬람교는 퍼져 있지 않고 이슬람권의 사람들이 다 모여서 기독교나 불교로 개종했다는 말도 들어보지 못했다. 즉, 글로벌이란 모두가 획일화된 움직임이 아니라 생활습관이나 종교, 문화에 뿌리내린 오래된 것들이 변하지 않은 채 남아 있는 것을 의미한다. 새로운 것과 오래된 것이 모자이크처럼 엮어져감으로써 오히려 새로운 다양성도 점점 생성되는 것이다.

글로벌은 사람의 정신을 자극하는 것일까, 아니면 무료하게 만드는 것일까? 글로벌리즘의 핵심은 돈과 정보에 있다. 돈과 정보를 엔진으로 해서 앞으로 나아가는 글로벌 자본주의라는 게임은, 그 안이 변화로 넘쳐나지만 패턴은 분명하게 정해져 있다.

이는 컴퓨터 게임과 비슷하다. 컴퓨터 게임은 여러 종류가 있지만, 구조의 패턴은 거의 비슷해서 집중해서 하다 보면 큰 변화가 없어 언젠가는 결국 지겨워진다. 글로벌 자본주의라는 게임도 이와 마찬가지라고 말할 수 있다. 다만 거기에는 새로움을 가장한 게임이 계속해서 만들어지기 때문에 자극이 끊어지는 한계는 없을 것이다.

그러나 착취하는 다국적기업과 착취당하는 빈곤국의 사람들이라는 구조가 여전히 계속되는 글로벌 자본주의로 바뀐 세계는 확실히 결정적인 한계를 안고 있기 때문에, 그것에 저항하는 움직임도 생기기 마련이다.

다국적기업들의 돈과 정보를 앞세운 거센 홍보력에 적당히 세뇌되어 획일적인 소비생활을 하는 광경을 세계 여기저기에서 볼 수 있게 되었지만, 쾌적함에 만족하는 사람이 있는 한편으로 쾌적함에 질려서 이질적인 것을 원하는 사람들도 일정 부분 나타나서 언젠가는 세상의 변화 내지는 혁명을 꿈꾸는 젊은 이들이 나타날 것이라고 생각된다.

글로벌은 소비생활이라는 면에서는 모든 것을 획일화시키는 방향으로 나아가고 있지만, 이런 식의 획일화와 무료함은 새로운 혼돈의 시작이 될 것이라는 예감이 들게 한다. 최근 들어서 젊은 세대들은 중년이나 노년들과 비교해 해외여행에 그다지 관심이 없어 보인다. 인터넷이나 텔레비전 등으로 해외 풍경을 영상으로 보거나, 그 나라의 정보를 알아냄으로써 유사체험에 가까운 느낌을 갖는 사람들이 적지 않기 때문이라고 생각한다.

젊은 세대일수록 자신의 생활권 내에 있는 세상이나 좁은 인간관계만 관심을 갖는 경향을 보이는 것도 해외여행에 대한 옅은 관심과 관련이 있다. 게다가 글로벌 미디어들의 영향도 크다.

그러나 인터넷이나 텔레비전을 통한 감각의 세계는 지극히 가상세계에 지나지 않는다. 히말라야를 탐험하는 영상을 봐도 그것은 단지 가상의 체험일 뿐, 현실에서 직접 히말라야에 가서 동상에 걸려가면서 죽을 만큼 힘들게 등반을 하는 것과는 전혀 다르다. 낚시 영상을 보고 '와, 엄청난 것을 낚았네!' 하며 감탄해도, 실제 자신이 바다에 가서 낚시를 하는 체험과는 전혀 다르듯이 말이다.

자신의 몸을 움직이며 산에 오르거나 낚시를 하는 것은 사실적이자 특별한 체험으로, 이것을 가상세계에서는 재현할 수 없다. 가상세계에서는 얼마든지 리셋이 가능하지만, 우리가 접하는 진짜 세계는 모든 것이 일회성이다. 이 차이는 살아 있는 인간에게 결정적이다.

　그래서 가상세계에 익숙해지면 그 차이가 둔감해져버리고 만다. 인터넷으로 해외여행과 같은 유사체험을 하는 젊은이들처럼 미디어의 글로벌한 확장은 그와 반비례하듯이 개인의 현실 세계를 점점 축소시켜갈지 모른다.

냉정히 말해서, 생물학적인 면에서 볼 때
인생을 살아가는 데 무슨 의미 따위는 전혀 없다.
살면서 '나는 이제 죽어도 한이 없다!'고
생각할 수 있는 순간이 한 번이라도 있으면
그 인생은 그것으로 충분히 행복하지 않을까?

_본문 중에서

옮긴이 이정은

고려대학교를 졸업하고 일본 히토쓰바시대학-橋大學 대학원에서 석사학 위와 '한일 근대의 인쇄 매체를 통해 나타난 근대여성 연구'라는 주제로 박사학위를 받았다. 현재 일본에서 대학강사로 활동하고 있다. 번역서로 《만만하게 보이지 않는 대화법》, 《도망치고 싶을 때 읽는 책》, 《자기 자 신을 좋아하게 되는 연습》, 《의욕을 일으켜 세우는 심리학》 등이 있다.

인간은 원래
게을러야 행복하다

신개정판 1쇄 인쇄일 2021년 11월 05일
신개정판 1쇄 발행일 2021년 11월 11일

지은이   이케다 기요히코
옮긴이   이정은
발행인   이지연
주간   이미숙
책임편집   정윤정
                이정원
책임디자인   이경진
                권지은
책임마케팅   이운섭
경영지원   이지연

발행처   ㈜홍익출판미디어그룹
출판등록번호   제 2020-000332 호
출판등록   2020년 12월 07일
주소   서울시 마포구 독막로18길 12, 2층(상수동)
대표전화   02-323-0421
팩스   02-337-0569
메일   editor@hongikbooks.com

제작처   갑우문화사

ISBN   979-11-9142-053-1 (03190)

※ 이 책은 《나무늘보라도 괜찮아》의 신개정판입니다.